U0085771

世紀人物100

解放黑奴的美國總統

林肯

邱秀文　著

三民書局

獻給孩子們的禮物

主編的話

世界上最幸福的孩子，是他們一出生就有機會接近故事書，想想看，那些書中的人物，不論古今中外都來到了眼前，與他們相識，不僅分享了各個人物生活中的點滴，孩子們的想像力也隨著書中的故事情節飛翔。

不論世界如何演變，科技如何發達，孩子一世幸福的起源，仍然來自於父母的影響，如果每一個孩子都能從小在父母親的懷抱中，傾聽故事，共享閱讀之樂，長大後養成了閱讀習慣，這將是一生中享用不盡的財富。

三民書局的劉振強董事長，想必也是一位深信讀書是人生最大財富的人，在讀書人口往下滑落的多元化時代，他仍然堅信讀書的重要，近年來，更不計成本，連續出版了特別為孩子們策劃的兒童文學叢書，從「文學家」、「藝術家」、「音樂家」、「影響世界的人」系列到「童話小天地」、「第一次」系列，至今已出版了近百本，這僅是由筆者主編出版的部分叢書而已，若包括其他兒童詩集及套書，三民書局已出版不下千百種的兒童讀物。

劉董事長也時常感念著，在他困苦貧窮的青少年時期，是書使他堅強向上，在社會普遍困苦，而生活簡陋的年代，也是書成了他最好的良伴，他希望在他的有生之年，分享這份資產，讓下一代可以充分使用，讓親子共讀的親情，源遠流長。

「世紀人物100」系列早就在他的關切中構思著，希望能出版

孩子們喜歡而且一生難忘的好書。近年來筆者放下一切寫作，接下這份主編重任，並結合海內外有心兒童文學的作者共同為下一代效力，正是感動於劉董事長致力文化大業的真誠之心，更欣喜許多志同道合的朋友，能與我一起為孩子們寫書。

「世紀人物 100」系列規劃出版一百位人物故事，中外各占五十人，包括了在歷史上有關文學、藝術、人文、政治與科學等各行各業有貢獻的人物故事，邀請國內外兒童文學領域專業的學者、作家同心協力編寫，費時多年，分梯次出版。在越來越多元化的世界中，每個人都有各自的才華與潛力，每個朝代也都有其可歌可泣的故事，但是在故事背後所具有的一個共同點，就是每個傳主在困苦中不屈不撓，令人難忘的經歷，這些經歷經由各作者用心博覽有關資料，再三推敲求證，再以文學之筆，寫出了有趣而感人的故事。

西諺有云：「世界因有各式各樣不同的人群，才更加多采多姿。」這套書就是以「人」的故事為主旨，不刻意美化傳主，以每一位傳主的生活經歷為主軸，深入描寫他們成長的環境、家庭教育與童年生活，深入探索是什麼因素造成了他們與眾不同？是什麼力量驅動了他們鍥而不捨的毅力？以日常生活中的小故事，來描繪出這些人物，為什麼能使夢想成真。為了引起小讀者的興趣，特別著重在各傳主的童年生活描述，希望能引起共鳴。尤其在閱讀這些作品時，能於心領神會中得到靈感。

和一般從外文翻譯出來的偉人傳記所不同的是，此套書的特色是，由熟悉兒童文學又關心教育的作者用心收集資料，用有趣的故

事，融入知識，並以文學之筆，深入淺出寫出適合小朋友與大朋友閱讀的人物傳記。在探討每位人物的內在心理因素之餘，也希望讀者從閱讀中，能激勵出個人內在的潛力和夢想。我相信每個孩子在年少時都會發呆做夢，在他們發呆和做夢的同時，書是他們最私密的好友，在閱讀中，沒有批判和譏諷，卻可隨書中的主人翁，海闊天空一起遨遊，或狂想或計畫，而成為心靈知交，不僅留下年少時，從閱讀中得到的神交良伴（一個回憶），如果能兩代共讀，讀後一起討論，綿綿相傳，留下共同回憶，何嘗不是一幅幸福的親子圖？

2006 年，我們升格成為祖字輩，有一位朋友提了滿滿兩袋的童書相送，一袋給新科父母，一袋給我們。老友是美國國家科學院院士，曾擔任過全美閱讀評估諮議委員，也是一位慈愛的好爺爺，深信閱讀對人生的重要。他很感性的說：「不要以為娃娃聽不懂故事，我的孫兒們一出生就聽我們唸故事書，長大後不僅愛讀書而且想像力豐富，尤其是文字表達能力特別強。」我完全同意，並欣然接受那兩袋最珍貴的禮物。

因為我們同樣都是愛讀書、也深得讀書之樂的人。

謹以此套「世紀人物 100」叢書送給所有愛讀書的孩子和家庭，以及我們的孫兒——石開文，他們都是世界上最幸福的孩子，因為從小有書為伴，與愛同行。

從閱讀開拓世界的偉人

作者的話

　　許多小朋友都知道美國總統亞伯拉罕・林肯 (Abraham Lincoln) 在貧困的環境中成長，曾為了借本書來讀，幾乎都要走好幾哩路的故事。愛好讀書的林肯之所以能夠成為全世界尊崇的偉人，閱讀是一個重要的前因。

　　林肯小的時候，家裡能夠稱得上是書的，只有一本《聖經》。在寂靜寒冷的荒原中，林肯的生母為孩子營造了接近書的溫暖氣氛，把《聖經》當做是親近書的開始。繼母更是鼓勵林肯讀書，當林肯的父親擔心林肯為了書而影響他打工掙錢時，繼母總是幫他說話。林肯自己更是珍惜不容易得到的自學環境。因為，他藉由文字，體會到感動、同情、忍受挫折或追尋理想的堅忍與勇氣，以及真誠的可愛與誠實的可貴。有了書的陪伴，林肯不再懼怕貧窮和孤獨，想讀書的習慣和決心，為他帶來求知向上的機會和希望。

　　用心閱讀，認真咀嚼書上的文字意義，為林肯培養了五大能力，那就是：聯想力、創造力、感受力、理解力、記憶力。他在讀最喜愛的《華盛頓傳》

時，想像華盛頓率領士兵為美國的獨立而英勇奮戰的經過，激勵他一生為理念奮鬥的意志。在「南北戰爭」困頓時期，他把在腦中醞釀多時的想法，用筆掌握核心要旨，以精短的兩百多個字，創作了英文世界散文的精華「蓋茨堡宣言」。他在別人丟棄的廢桶中，拾到那時學習法律必須要讀的書籍，專注用功的記憶和演繹法律條文，為他人爭取正義做準備。他經常對人說：「能讀並嗜讀，讓人得以親近別人已發現的任何事物。它是一把鑰匙，或是幾把鑰匙中的一把，通往已獲得解決的難題。」

　　林肯才一就任總統，「南北戰爭」就開打，一打就打了四年。林肯備受戰爭無法儘快結束、和平遙遠、情勢難以預測的煎熬；而戰爭更帶來殘酷流血和死亡的痛苦。他肩負著挽救國家一分為二的沉重壓力，有時藉閱讀文藝書籍和詩集來減輕無限的傷感。他手下的官員都覺得不可思議，認為林肯在這兵荒馬亂，甚至還有對方都快要打進首都華盛頓的時候，居然還有心情讀閒書？他們不了解文學帶給林肯的慰藉力量。當林肯拿起自己最喜愛的書時，就像立刻走進另外一個世界，見到一個最善於談話的人一樣，這位善談的人引領他傾吐心中的傷痛，比他向身旁的人發脾氣或訴苦，影響別人的情緒要好多了。

林肯愛讀文章，也愛讀詩，誠如當代英國詩人福特 (Ford Madox Ford) 曾說：「詩歌使我們軟化，心腸更加柔和，對同類的困苦及需要，也更加慷慨同情。」他的意思是說，讀詩，可以軟化、提昇人們的心靈。有一位日本詩人寫過一首只有兩句的極短詩〈蒼蠅〉：「別驚動牠／牠在搓手搓腳哪！」這只有兩個句子的詩，意思在提醒我們，要是我們能夠看到、注意到，以一隻又髒又難看的小小蒼蠅都有牠生命的美麗與尊嚴做比喻，我們才會更加尊重生命。從平凡微小的地方，尊重每一個生命的存在，早在一百多年前，林肯才十幾歲時就已經看到了。林肯也說，越是微小的事務，往往越難做得到，因為人們容易認為，這不需要做，也沒有做的價值。林肯更認為，並不因為是微小就不能夠改變命運。

　　閱讀，同時使得林肯對於人與事物的看法更加的宏觀及富於同情心。他在青少年時期，看到黑人被鍊鎖綑綁、等待被拍賣的哀傷慘痛，以及黑人母親被迫和子女分開的人倫悲劇，都使他省悟到白人對於黑人，違反了他在書上讀到的。當美國還在英國統治時，美國人期盼、聲稱「人人生而平等」的信念，是不需要證明的事實。而等到美國人不再害怕自己是別的國家的奴隸時，卻變得利慾薰心，

轉而奴役別人，違背了歷史上的真言，成了不需要證明的謊言。這對於一向崇信要誠實面對人生的林肯，是無法容忍的事。

林肯從來沒有把黑人當做是黑人，他在競選總統時和對手辯論時提到，黑人在許多方面和白人不同，事實上，世界上的每一個人都是不一樣的個體；黑人和白人在道德或智慧秉賦或許也不同。然而，和其他皮膚顏色的人一樣，都是「人」。在他心中，只要是人，不論是哪一種人，都是自由而平等的，都有選擇的權利。只要憑藉個人的努力，就能夠追求令自己幸福的夢想，建立個人嚮往的生活。這在林肯看來就像是呼吸一樣的自然，在 19 世紀的美國，卻是天方夜譚，被看做是不可能的事。但林肯不願意屈服。

他說過：「你若熟悉束縛人的鍊條，便會讓自己束手束腳；你若習慣於踐踏他人的權利，便會失去自己的獨立精神。一旦有狡詐的暴君脫胎自你身體裡面，你便會臣服於他。」從書中得到的教誨，讓他感受到人不僅要為自己爭取平等地位，也不要忘記推己及人。他強調，人要面對道德、良知、誠實；人更沒有權利使他人受苦，自己不願意承受的苦難，也不應當讓別人承受。

林肯的故事告訴我們，他一生熱愛讀書，不止是在孤苦環境裡把它當成唯一的師長或朋友來自我教育，或享受讀過很多本書

的樂趣就算了；也不是為了應付考試，可以謀生賺錢，或通過選舉，成為一個擁有很大權力的人，有了顯赫的身分地位就算了。真正難得的是，他還願意為理念而奮鬥，努力實踐書上教導的道理。

寫·書·的·人

邱秀文

　　筆名任遠、展湄，寫作興趣多元廣泛，包括報導、評論、散文、兒童及青少年文學、小說等，近年並創作攝影小品文。先後在《國語日報》闢有「鏡頭心視界」專欄、《中華日報》「光點筆記 Flash Point」專欄，以及北美《世界日報》「大世界小鏡頭」專欄。著有《智者群像》、《即將消失的行業》、《增加生命的能量》、《成長不寂寞》、《永不屈服的巨人──樂聖貝多芬》，並編撰《芝加哥中華會館歷史紀實》。致力推廣華文文學，創辦「芝加哥華文寫作協會」及策劃主辦「芝華徵文比賽」（1997 年至 2004 年），曾任北美華文作家協會副會長。

解放黑奴的美國總統

林肯

世紀人物
100

林 肯

1809～1865

前　言

——林肯之地

許多人在美國伊利諾州會看到不少車牌或路標上，寫著「林肯之地」，因而認為此地是林肯的出生地。其實，亞伯拉罕・林肯並不是在伊利諾州首府春田市＊出生的，嚴格說起來，這裡並不能夠算是他的故鄉。

當我們見到車牌上寫著「林肯之地」的車子，一部接著一部行駛在伊利諾州的馬路上時，可能會想到：那長長的車陣，就像是一列尊崇的隊伍，帶著林肯的祝福行走；也像是與林肯同行，懷想他在這塊土地上的成長歷程。這樣一想，也就能夠理解為何這裡的居民把他當成本地人，甚至待他像親人一樣，對他敬愛有加。

那麼，究竟哪裡才是林肯的

2

出生地呢？他是怎麼樣走出自己
的道路呢？且讓我們打開下一
章，一起探尋他的生命故事吧！

　放大鏡

＊春田市　　(Springfield) 位於美國伊利諾州中
部的春田市，在 1837 年成為伊利諾州的首府，距離伊利諾州大城，
也就是全美國第三大城芝加哥約四小時車程，至 2005 年為止，人口
有十一萬。林肯雖然並不是在這裡出生，但這裡是他的律師生涯和
政治事業出發的地方。因為在春田市的際遇，而當選國會議員，成
為律師，使他有機會問鼎白宮，成為總統，春田市可以說是林肯的
發跡之地，林肯視此地為家鄉，春田市更視林肯為最值得驕傲的家
鄉子弟；至今稱呼春田市，乃至伊利諾州是「林肯之地」，意即林肯
永遠屬於這裡。

　　林肯在此地安葬，並建有莊嚴的墓園；春田市至今仍保留林肯成
長時居住過的小木屋，成家後居住的房子，工作過的律師樓，上過
的教堂等多個歷史古蹟，也建有他的銅像。21 世紀興建落成的「林
肯總統圖書館與博物館」，於 2005 年 4 月 19 日，由美國第四十三
任總統喬治·布希 (George W. Bush) 親自揭幕。

　　這座耗資一億五千萬美元的圖書館與博物館，占地二十萬平方呎，
保存、收集、擁有全球最完整豐富的林肯資料、文物，並策劃一系
列有關活動，讓一代又一代的人，能夠認識和了解林肯這座紀念館
被認為是紀念林肯最具體的方式，也是 2009 年林肯二百歲冥誕最
有意義的禮物。該館相關資訊如下：

Abraham Lincoln Presidential Library And Museum

地址：112 N. 6th Street, Springfield, Illinois 62701-1507, USA

電話：(217) 524-7216

傳真：(217) 785-6250

網址：http://www.alplm.org

1 草原木屋裡的夢想者

　　美國肯塔基州的諾林溪南部支流，是一塊沉寂的區域，林肯的父親湯瑪士，在這裡和妻子、兒女進行拓荒。在林蔭深處，湯瑪士蓋了一間小小的木屋，年輕時做過木匠的他，利用森林裡砍下來的樹木，一根根橫排釘起來，地上還是原始的紅泥土地，入口的地方，再掛上一塊鹿皮，就成了全家人的棲身之地。1809年2月12日，林肯就是在這棟簡陋的小木屋裡出生。排行老二的他，有一雙黑亮的大眼睛，像極了母親南西・漢克思。

　　和當時許多人家一樣，能夠在荒野有一個只有一間大房間的家，南西已經很滿足了。在這一間既是客廳、飯廳，又是臥房、廚房的地方，她利用角落，撐起

了鍋爐，烹調食物和燒熱水；她也常常一面蹲在屋外洗衣服，一面照料孩子。林肯有一位比他年長兩歲的姐姐莎拉。後來母親又生了一個弟弟，但是夭折了。湯瑪士一人辛勤的耕作，養活全家。小屋的生活雖然拮据，但是充滿了愛心和信仰。尤其南西更是篤信宗教，她沒有受過教育，不識字，也不會寫字，當需要在正式的文件上簽字時，她就畫上一個「×」符號，作為代替。信仰虔誠的南西，會背誦《聖經》上許多段落和祈禱詞給孩子們聽，她那溫柔的聲音，化解了生活中種種的艱苦，而激勵人向上和培養善良品格的經文，可說是奠定了林肯姐弟做人做事的基礎教育。

林肯逐漸成長，他有著細長的臉頰和碩大的鼻子；最使人印象深刻的是，他有一頭灰色而蓬

亂的頭髮，雙手和雙腿，還有手指頭，都特別長。起先父親叫他「像長臂猴的小傢伙！」等到他的手和腿越長越長，有人開始叫他：「未來的長臂佬、長腿佬！」林肯的身量，使他從年幼起，便成為父親操持農務的助手。在他的童年記憶裡，他曾追隨在乾河床上開墾一方農地的父親，在父親身後把南瓜種籽灑在一排排玉米之間。但這份努力，卻在幾天之後的豪雨中被摧毀。林肯始終忘不了這一幕，幼小的心靈，就已經開始問自己，當運氣不好的時候，要怎樣面對命運的擺布而不屈服？

和父親在一起工作，也讓林肯很早就知道白人奴役黑人這一件事。那時，父親在繁忙的農務之餘，還投入做一些父親認為應該為社區服務的事，其中一項，是為城裡的奴警效勞，捕回逃跑

的黑奴。林肯幼小的年紀，不僅驚訝皮膚顏色和白人不一樣的人，可以像貨物一樣被買或被賣，而且，他更疑惑的是：為什麼白人就可以買賣黑人呢？＊

　　由於農地的糾紛，加上當時很難和那些買得起黑奴做工的農家競爭，父親不得不放棄在肯塔基州已經拓墾的土地，帶著一家人搬到更偏遠的印第安那州開墾新土地。在新的木屋還沒有蓋好之前，一家人就住在臨時搭建三面是木牆的木寮裡，沒有搭設木牆的一面，則是不斷燃燒的火堆，全家人就圍在火堆旁取暖。只有八歲的林肯，力氣已經不小，漸漸成為家裡的支柱了。他能夠拿起沉重的斧頭，和父親一起到森林裡砍樹，並扛回砍下的木頭，讓父親儘快再蓋一棟木屋。他也會清除田裡的雜草，將木頭劈成木條，各種他能夠做得

到的的農事，他都很努力的幫助父親，可是，父親還是對他不滿意。

 放大鏡

＊當 17 世紀初，美國還是英國的殖民地時，就已經有販賣黑奴的商業交易。因為皮膚顏色和白人不同，而白人掌握權力，黑人被歧視，毫無人權可言。由於美國南方盛產棉花，對廉價勞動力需求很大，買賣黑奴制度因此形成。這是一種傷天害理、滅絕人性的制度。從事販賣黑奴的人口販子，有的從非洲，經過綁架，或是以廉價的工商用品，例如：酒、假首飾、棉製品、火器等交換，得到大批黑人，把他們運到美國，像商品一樣販賣。

也有商人經營黑奴商行，也就是買一批黑人，把他們養得結實光滑，然後供應奴隸市場。還有人開設黑奴拍賣行，從中仲介牟利。另外一大群人，則是買方，他們把黑奴買去，殘酷的剝削黑人的勞動力。在許多棉花或是其他莊園，並且雇用大批監工及打手，專門管束黑奴；甚至還有專門從事追捕逃跑黑奴的行業，以及對黑奴不滿意，不願自己動手打黑奴的人，可以把黑奴送到鞭笞站，讓職業打手代為鞭打，還有被當眾鞭笞致死的。

在 1776 年美國獨立時，全國已有黑奴約五十萬人。到 1850 年代中期後，美國總人口約二千四百萬，全美黑奴人口已達三百多萬人，等到 1860 年南北戰爭爆發時，已增加到四百萬人。在南北戰爭發生之前，被壓迫的黑奴起而反抗，鋌而走險的事故已不斷發生。黑奴採取逃跑、絕食、破壞奴隸主的產業、自殺、殺害奴隸主等方式來表達不滿和憤恨。例如，北卡羅萊納州有一個女黑奴從奴隸主人家逃跑達十六次之多；另如，南卡羅納州有兩船黑奴絕食而死。黑奴的痛苦和憤怒，長期累積，導致了 1859 年由約翰·布朗領導的黑奴武裝起義事件，十八名起義人士中，有五名是黑人。這是美國有史以來，第一個為廢除黑奴制度發出的戰鬥行為。

　　因為，在六歲至七歲尚未搬家之前那一年，有兩小段很短暫不必幫忙農場雜務的時間，林肯姐弟每天步行四哩路去上學，在那間和家一樣的小木屋裡，他們從字母Ａ、Ｂ、Ｃ、……開始，學習認字。那是搬家之前，林肯認為有生以來最快樂的日子。從此，林肯就喜歡上了文字。他總是撿那些燒剩的木炭，用它們在木板上練習寫字，家裡唯一的一本書——《聖經》，是他自我學習的課本。

　　父親一直設法擴充農地，當然使得農務也不斷增加，於是他認為兒子花在讀書寫字上的時間太多了，會影響到農務。可是，林肯無法抗拒文字對他的吸引力，每一個字都像是吸鐵石一樣，把他的眼睛牢牢的吸住了。每次面對父親的不滿，林肯的眼睛裡總是流露著動人的懇求目

光，像是在說:「讓我讀罷！那些文字像是魔法師，幫我裝上了翅膀，帶我飛到一個美麗新世界！」

九歲那年，就在林肯開始非常積極的投入學習的時候，母親染上了當地流行的傳染病。病菌來勢洶洶，母親很快就失去了抵抗力。為了生活，父親還是得下田耕作，姐弟二人則留在家裡照顧母親。

病中的母親，仍舊不忘她的宗教信仰。虛弱的她告訴林肯姐弟:「亞伯，媽媽把這本《聖經》留給你做紀念！讀了《聖經》，接受神的訓示，這樣你就會愛神，當你離開人世的狂風暴雨時，神一定會把你帶到一個平靜的地方去。」母親又交代姐弟一定要相親相愛，她把讚美歌集留給莎拉，要她記得今後時常唱給弟弟和父親聽。看著母親慢慢的閉上了眼睛，姐弟兩人抱著母親的

遺物，在哀痛的哭泣中，等待父親的歸來。林肯懷抱著《聖經》這本書，深深覺得，沒有了母親，今後，書就是他最大的依靠了。

母親去世之後，小屋變得空蕩蕩的。姐姐負起了家務的擔子。可是，姐弟兩人畢竟無法完全取代母親。一天，到外地好幾天的父親回來時，帶回了一位新媽媽。繼母姓強斯頓，她的名字和姐姐一樣，都叫做莎拉。新媽媽原來的丈夫過世很多年，留下的三個孩子，也隨她一起來到林肯的家。這下子，小屋一掃前一陣子的冷清，顯得熱鬧極了。

繼母很親切，她的三個孩子也很活潑可愛，大夥兒很快就玩成一片了。繼母還帶來一些傢俱用品，像床、羽毛被、羊毛毯等等。九歲的林肯第一次知道世界上竟有叫「枕頭」的東西。從

前，他們一家總是睡在父親手釘的、下面是兩根木頭、上面架一片木板、鋪一些乾草、像硬塊一樣的方盒子上，從來沒有體驗過軟綿綿的滋味。

繼母注意到林肯愛讀書，後來一聽說村子裡成立小學，就決定送林肯姐弟和她的孩子一塊去上學。這真是林肯最開心的時刻了。學校依然是粗簡的木屋，書只有一本，一個學生讀完老師指定的一段，就把書交給下一個學生讀。林肯是其中認字最多的一個，他真希望那本書屬於他，那他就可以先自修書裡那些還不認識的字。但他只能眼睜睜的看那本書傳給下一位學生。為了爭取時間多學一點，林肯徵得老師的同意，利用休息時間在黑板上練習算術。

勤奮向學的林肯，令父親不時向繼母抱怨：「這孩子眼中只有一

書！」繼母則為他說話：「你交代他做的事，他並沒有耽誤啊！而且他做事的那一股勁兒，一點都不輸大人呢。」見到丈夫還在為孩子太愛讀書而嘀咕，繼母又為林肯說話了：「像這樣喜歡研究學問，不是讀書就是練習算術，做事又勤快的孩子，在這一帶還很少見呢！我們應該給他機會，不要阻攔他。有了良好教育，相信這孩子一定會闖出一番事業來。」聽到繼母總是幫著他，對他那麼有信心，林肯感激得要流淚了。許多年之後，當他成為美國總統時，他認為自己之所以有這樣的成就，完全是母親的教誨，別人問他是哪一位母親，他的回答都是：「不論是生母或繼母，都是培育我的母親。」

　　沉迷於書本的林肯，有時向鄰居借書，有時存了一點錢，就到附近的雜貨店買書，繼母也幫

他留意鄰居不要的二手書。他發現自己對於描述美國先民的歷史書特別有興趣。其中有一本威姆斯牧師*所寫的《華盛頓傳》，是他最喜愛的一本。林肯特別記得華盛頓小時候如何誠實的告訴父親他砍倒櫻桃樹，並且勇敢的接受懲罰的一段。

所以，當林肯發現他把這本向鄰居借來的書，藏在家裡牆壁圓木凹進去的地方，卻被滲進來的雨水，把這本書弄得溼透透，幾乎成了一本爛書時，華盛頓的誠實故事啟發了他，他決定向鄰居坦承書本已經汙損的事實，並請求以為鄰居做工來賠償，一直

放大鏡

＊**威姆斯牧師** 伯森‧威姆斯 (Parson Weems)，英國牧師及作家，他最著名的作品，就是林肯年幼時讀到的《華盛頓傳》(Life of Washington)。林肯一直不能忘懷該書描述華盛頓率領革命軍冒著狂風暴雨，橫渡德拉瓦河的英勇意志，時常追憶，更相信此書描寫的情景，鼓舞他為理想奮鬥的決心堅持不移，塑造他的偉人性格，是影響他一生最大的書。

到鄰居認為足夠為止。鄰居答應了。但他的誠實和工作時的努力，感動了鄰居，才工作了三天，鄰居就決定林肯不必再做工，並且把書送給了他。欣喜若狂的林肯，省悟到這應該就是一個人正確行事的態度。他沒有想到，這個發生在他身上的故事，後來竟和華盛頓誠實的故事一樣的出名。

林肯一遍又一遍的讀《華盛頓傳》，後來又讀《富蘭克林自傳》、《伊索寓言》、《魯濱遜漂流記》等書。只要打聽到那裡有書，他就會想法子去借來讀，即使要走上二、三十哩路，他也不覺得辛苦。對於美國獨立戰爭時的軍事戰役故事，他尤其感興趣，從故事延伸出去，也讓他發揮了豐富的想像力。他可以輕易的描繪出殖民時代的種種，像是吹笛敲鼓的士兵，或是帶著槍穿

著鄉土制服的民兵，在隆隆的戰火中前進等等。

除了好學、敏銳的反應，和說故事的稟賦外，熱烈的情感和創造力，使得林肯相較於別的男孩顯得很不一樣。每當想到像華盛頓、傑佛遜、富蘭克林這樣的偉人，想著他們為自由而奮鬥的形象，他就越發受到鼓舞。在閱讀的過程中，林肯漸漸了解到，自己的未來，或許並不只局限於在這塊荒涼的土地上，外面的世界可能也有發展的機會。

林肯對於華盛頓的革命精神最為敬佩景仰。他在長大後回憶到，當自己讀到華盛頓在 1776 年聖誕夜冒著強烈風雨，率軍勇敢橫渡德拉瓦河的感受：「我那時年紀雖然小，卻不由得想著，一定是有什麼非比尋常的東西，令那一些人奮不顧身，向前衝去。那種感覺甚至比國家獨立還了不

起；那種感覺給了古往今來的世人一個偉大的憧憬。那憧憬就是每一個人都能夠享有平等的機會。」從當時的感動中，一種追隨前人英勇的腳步，為人類自由平等而努力的志向，已經在林肯心中萌芽了。

從十一歲到十五歲，林肯在村子裡的學校完成了一些課程，具備了讀、寫，和解答簡單算術習題的能力。他寫字清楚，容易明瞭，時常代鄰居或朋友寫信。不管有沒有去學校，他都隨身帶著一本書，利用農務的空閒時間來閱讀。已經是個青少年的林肯，知道父親並不能夠了解他的夢想是到外面尋找不一樣的生活，除了耕作田地，他也想嘗試不同的生活，因此父子間的關係並不好。但他依舊任勞任怨為父親工作，希望討得父親的歡心。身為兒子，林肯明白這是他應該

盡到的本分。

　　十六歲那年，林肯用父親做的小平底船，把田裡收成的農作物裝在船上，沿著俄亥俄河一帶做生意。一次，有人臨時要搭他的船到停留在河中央的輪船上去，林肯送他們上了船，得到意想不到的報酬：一塊錢，這令他喜出望外，終生難忘。後來他回味這段日子，曾經感慨的表示，這在別人或許沒有多大意義，可是，對他卻是大事。因為一個清苦的孩子，僅僅花了一點時間和勞力，就可以賺到做夢都沒有想到的一塊錢。在他的心目中，這個世界比以前美得多，廣闊得多，也帶給他更多的希望與自信。

　　在渡船上討生活時，有人認為林肯將客人送到輪船上，是搶了他們的生意，因為對方是向肯塔基州政府申請得到特許權利做

這個生意的。於是把林肯帶到法院去，要求法官處罰林肯。法官根據肯塔基州法令指出，凡是侵犯了別人的營業權，要被罰款五元。不過，凡事喜歡追根究柢的林肯，特別請問法官，對方是依據肯塔基州的法律，而他是由印第安那州的河邊把船划到河中心，並沒有到達肯塔基州。

法官在研究之後，認為他並沒有在肯塔基州做生意，判決林肯無罪，不必交罰款。法官知道他沒有研讀過法律，但看他在法庭的表現，認為林肯的頭腦很適合研習法律，便勉勵他有空可以到法官家閱讀法律書籍，遇到法院有開庭審理案件時，也可以去旁聽；只要用功學習，將來一定可以成為律師或法律學家。林肯很高興法官為他的前途指出一條路來。他想到，許多人因為不懂法律而吃了大虧。如果能夠幫助

他們，那就是最令人開心的事了。

1830 年，林肯全家再度遷移，這次搬到伊利諾州的梅崗區落腳。生活安定之後，第二年，林肯受僱當船員，將開船到南部的大都市紐奧爾良市去。他和船主約定，在伊利諾州的春田市會合。到了紐奧爾良市，讓林肯大開眼界。最令他難忘的，不是紐奧爾良市的風光，而是那裡的黑奴市場。他在街上看到貼著：「黑人，廉價出售，高價收購」的條子，有的條子則寫著：「各種黑人都有，一概現金交易，也可以寄售」。還有的比較詳細：「廉售各種工人：農業傭工、男女僕役、廚師、鐵匠、水手、洗衣工，及其他各種工人」讀到這些，林肯內心被重重的撞擊了，他覺得這些廣告把黑人當作其他東西一樣，甚至比被買賣的牛羊還不

如。

　　然後，他又在大街廣場的角落，看到一座小木臺，上面有一個穿著燕尾禮服，戴著高頂禮帽的男人，舉著一把鎚子，在臺上凶狠的吆喝，指著一旁手腳被鐵鏈鎖起來的黑人，一個個喊價錢，從一百元開始，有的黑人才叫價到一百多元就被買走了。這些黑人，有的是頭髮已經花白的老人，有的是年輕強壯的年輕男女，還有帶著小孩子的母親。那一雙雙無辜害怕又痛苦的眼神，還有母親被買走了，留下哭哭啼啼的小孩子，驚嚇得不知該怎麼辦的可憐景象，讓林肯看了不禁流下淚水來。當時，他一點辦法也沒有，心裡憤怒、身體不停的顫抖，不斷自問：白人憑什麼欺負黑人？

　　他握著拳頭向旁邊的人發出怒吼：「黑人也是神所創造的人

類，為什麼會受到這種不公平的待遇？」有人說，因為白人的智力比黑人高，所以白人可以決定怎麼樣處置黑人。這種說法太沒有道理了，也太可惡了，要是有一天碰到另一種人，他們的智力如果比白人高的話，是不是白人也應該被綁起來，任別人買來賣去？或是挨打受苦？二十二歲的林肯發誓：對於這種不把人當做人的罪惡，只要有一天他有了權力，一定要拼命去解決。黑暗的奴隸制度是美國的恥辱，絕對要廢除它！林肯看著天空，在內心下了決定，絕對不跟奴隸制度妥協。

不論是做哪一種工作，耕種、劈材、買賣貨品、照顧小孩，林肯都得到很好的名聲。他的力氣大，又有替人劈材的經驗，有時還要劈上千根木條，因此讓他對劈材十分在行，為他贏

得「劈材佬」的外號。有一回，他幫一位農人做完工，等回到家，發現農人把工錢算錯了，儘管那天他已經很累了，而且天氣又很寒冷，但林肯仍舊走了幾哩路，把多收到的六分錢還給農夫。他為商店打工時，碰上賣出去的貨物有斤兩不足的情形，或是多收了錢，林肯也會不辭辛苦的為顧客送去。諸如此類的事情，常常被人傳誦，林肯的老實，贏得當地許多人的喜愛和信任。

在伊利諾州新沙倫地區為一個叫歐法特的老闆打工時，林肯身高已經有六呎四吋，體重約一百八十磅，老闆很喜歡炫耀這位高瘦夥計的身量，宣稱他可以打倒任何人。這樣一來，引起一群年輕人的不滿，他們當中帶頭的傑克．阿姆斯壯向林肯挑戰。林肯不贊成這種互相較勁的比賽，

不過，最後他還是參加了。在比賽時，阿姆斯壯違反規定，使用不正當的手段，令林肯很生氣，他當場指責對手違規，結果和阿姆斯壯一夥的幾個年輕人，一起向林肯宣戰。

　　林肯也不害怕，他答應和他們每一個人較量。他們互相摔倒了對方幾次，林肯並不屈服，汗流浹背，全身都溼了，他仍然勇敢的和阿姆斯壯纏鬥，直到對方認輸為止。阿姆斯壯和他的朋友很佩服林肯的勇氣，他們後來一直追隨林肯，成為他終身忠誠的朋友。林肯很珍惜這份友誼，但他並沒有和他們一樣，隨便向別人挑戰打架，或是染上喝烈酒的習慣。在耕作的人群中，因為生活單調、無聊，所以激烈的打鬥，或是拼酒，都是很平常的。林肯認為，他並不想做這些事，別人如果接受他，就不會勉強他

去ㄑㄩ做ㄗㄨㄛˋ。

　　果ㄍㄨㄛˇ然ㄖㄢˊ，他ㄊㄚ那ㄋㄚˋ強ㄑㄧㄤˊ壯ㄓㄨㄤˋ、勇ㄩㄥˇ敢ㄍㄢˇ、認ㄖㄣˋ真ㄓㄣ、負ㄈㄨˋ責ㄗㄜˊ的ㄉㄜ˙態ㄊㄞˋ度ㄉㄨˋ以ㄧˇ及ㄐㄧˊ溫ㄨㄣ和ㄏㄜˊ的ㄉㄜ˙性ㄒㄧㄥˋ情ㄑㄧㄥˊ，為ㄨㄟˋ他ㄊㄚ建ㄐㄧㄢˋ立ㄌㄧˋ良ㄌㄧㄤˊ好ㄏㄠˇ的ㄉㄜ˙形ㄒㄧㄥˊ象ㄒㄧㄤˋ，少ㄕㄠˇ部ㄅㄨˋ分ㄈㄣ對ㄉㄨㄟˋ他ㄊㄚ不ㄅㄨˋ喝ㄏㄜ酒ㄐㄧㄡˇ而ㄦˊ懷ㄏㄨㄞˊ疑ㄧˊ他ㄊㄚ有ㄧㄡˇ什ㄕㄣˊ麼ㄇㄜ˙怪ㄍㄨㄞˋ異ㄧˋ個ㄍㄜˋ性ㄒㄧㄥˋ的ㄉㄜ˙當ㄉㄤ地ㄉㄧˋ人ㄖㄣˊ，慢ㄇㄢˋ慢ㄇㄢˋ也ㄧㄝˇ都ㄉㄡ不ㄅㄨˋ在ㄗㄞˋ意ㄧˋ了ㄌㄜ˙。林ㄌㄧㄣˊ肯ㄎㄣˇ在ㄗㄞˋ新ㄒㄧㄣ沙ㄕㄚ倫ㄌㄨㄣˊ贏ㄧㄥˊ得ㄉㄜˊ了ㄌㄜ˙尊ㄗㄨㄣ敬ㄐㄧㄥˋ，他ㄊㄚ並ㄅㄧㄥˋ不ㄅㄨˋ以ㄧˇ此ㄘˇ而ㄦˊ滿ㄇㄢˇ足ㄗㄨˊ，還ㄏㄞˊ想ㄒㄧㄤˇ再ㄗㄞˋ多ㄉㄨㄛ學ㄒㄩㄝˊ習ㄒㄧˊ。他ㄊㄚ請ㄑㄧㄥˇ求ㄑㄧㄡˊ村ㄘㄨㄣ裡ㄌㄧˇ的ㄉㄜ˙老ㄌㄠˇ師ㄕ曼ㄇㄢˋ陀ㄊㄨㄛˊ·葛ㄍㄜˇ理ㄌㄧˇ翰ㄏㄢˋ教ㄐㄧㄠˋ導ㄉㄠˇ他ㄊㄚ。葛ㄍㄜˇ理ㄌㄧˇ翰ㄏㄢˋ對ㄉㄨㄟˋ林ㄌㄧㄣˊ肯ㄎㄣˇ的ㄉㄜ˙求ㄑㄧㄡˊ知ㄓ慾ㄩˋ很ㄏㄣˇ欣ㄒㄧㄣ賞ㄕㄤˇ，教ㄐㄧㄠˋ導ㄉㄠˇ這ㄓㄜˋ位ㄨㄟˋ學ㄒㄩㄝˊ生ㄕㄥ的ㄉㄜ˙範ㄈㄢˋ圍ㄨㄟˊ也ㄧㄝˇ很ㄏㄣˇ廣ㄍㄨㄤˇ，從ㄘㄨㄥˊ文ㄨㄣˊ學ㄒㄩㄝˊ、詩ㄕ歌ㄍㄜ、歷ㄌㄧˋ史ㄕˇ、科ㄎㄜ學ㄒㄩㄝˊ到ㄉㄠˋ醫ㄧ藥ㄧㄠˋ。隨ㄙㄨㄟˊ著ㄓㄜ˙林ㄌㄧㄣˊ肯ㄎㄣˇ知ㄓ識ㄕˋ的ㄉㄜ˙增ㄗㄥ長ㄓㄤˇ，葛ㄍㄜˇ理ㄌㄧˇ翰ㄏㄢˋ還ㄏㄞˊ教ㄐㄧㄠ他ㄊㄚ難ㄋㄢˊ度ㄉㄨˋ更ㄍㄥˋ高ㄍㄠ的ㄉㄜ˙數ㄕㄨˋ學ㄒㄩㄝˊ，例ㄌㄧˋ如ㄖㄨˊ三ㄙㄢ角ㄐㄧㄠˇ、幾ㄐㄧˇ何ㄏㄜˊ等ㄉㄥˇ。

　　1832年ㄋㄧㄢˊ，林ㄌㄧㄣˊ肯ㄎㄣˇ生ㄕㄥ命ㄇㄧㄥˋ中ㄓㄨㄥ的ㄉㄜ˙一ㄧˊ件ㄐㄧㄢˋ大ㄉㄚˋ事ㄕˋ發ㄈㄚ生ㄕㄥ了ㄌㄜ˙。那ㄋㄚˋ時ㄕˊ，伊ㄧ利ㄌㄧˋ諾ㄋㄨㄛˋ州ㄓㄡ政ㄓㄥˋ府ㄈㄨˇ與ㄩˇ伊ㄧ利ㄌㄧˋ諾ㄋㄨㄛˋ州ㄓㄡ西ㄒㄧ北ㄅㄟˇ地ㄉㄧˋ區ㄑㄩ的ㄉㄜ˙印ㄧㄣˋ第ㄉㄧˋ安ㄢ人ㄖㄣˊ發ㄈㄚ生ㄕㄥ衝ㄔㄨㄥ突ㄊㄨˊ，爆ㄅㄠˋ發ㄈㄚ了ㄌㄜ˙黑ㄏㄟ鷹ㄧㄥ戰ㄓㄢˋ爭ㄓㄥ＊。州ㄓㄡ長ㄓㄤˇ徵ㄓㄥ求ㄑㄧㄡˊ一ㄧˋ批ㄆㄧ志ㄓˋ願ㄩㄢˋ軍ㄐㄩㄣ去ㄑㄩˋ和ㄏㄜˊ印ㄧㄣˋ第ㄉㄧˋ安ㄢ人ㄖㄣˊ作ㄗㄨㄛˋ戰ㄓㄢˋ。林ㄌㄧㄣˊ肯ㄎㄣˇ立ㄌㄧˋ即ㄐㄧˊ加ㄐㄧㄚ入ㄖㄨˋ，

並馬上被選為隊長。他的夥伴多半是他的鄰居和朋友。在參戰的這三十天中，林肯並沒有打到仗，只是和夥伴做些守衛的工作。但他領軍時，總是威武嚴厲，在軍隊裡，展現了他的領導能力，志願軍對他都很信服。這是林肯一生唯一一次從軍的經歷，許多年後，提起這次戰役，林肯仍表示能夠參與，是他畢生最大的榮耀。

在出發打仗之前，一些好朋友鼓勵林肯參加伊利諾州州議員的選舉。林肯嚇了一跳，認為自己只是一個替人打工的年輕人，

放大鏡

＊**黑鷹戰爭** (Black Hawk Indian War) 在 1804 年以前，伊利諾州西北部一直是印第安人的領土。1804 年，印第安人與政府簽約，把五千萬英畝的土地轉讓給政府，條件是，只要政府擁有這些土地一天，他們就能住在那裡。但後來白人逐漸遷移到這裡，種族之間開始發生衝突。1832 年，印第安酋長黑鷹帶領族人，希望回到伊利諾州的玉米區種植玉米，卻被白人攻擊，雙方發生戰爭，白人民兵將印第安人擊退。

沒有錢，也沒有勢力，憑什麼去
參選？他的朋友卻對他很有信
心，朋友們為他打氣說，憑著
「誠實的林肯」的稱號，就知道
當地人對他的愛戴。林肯被大家
「要選一個值得信任的人，而不
是選一個有名氣的人」的熱誠感
動了。他決定試試看。可是，沒
有想到他突然參加志願軍，等他
從軍中回來，距離投票的日子只
剩兩個多星期而已。

2 誠實正直的奮鬥者

　　過去曾在選舉場合做過臨時工的林肯，因為選舉日很長，所以除了在那裡核對選民名字之外，他還常說些幽默小故事給選民聽。他從青少年時就愛說故事，因此時常被父親責罵，認為他是不務正業；不過，對於父親的責備，林肯卻從不回嘴。聽到別人批評他愛講故事，他解釋說：「日積月累的經驗，使我發現，經由舉出明顯的事例，往往比其他的方法，更能影響和容易讓一般大眾了解。」他記得當他還是小孩子時，如果有人對他說些他聽不懂的話，就會令他氣惱，甚至一晚輾轉難眠，費勁想要理解某個意念，不弄清楚不罷休。他非得等到想通話中的含義，並能用簡單的語言解釋過一遍後，

才會滿意。他不在乎別人怎麼想，只覺得說故事是讓自己的想法使人易懂的好方式。他一生都保持這種說故事的熱情。

林肯也喜愛寫作，他曾說：「寫作是透過眼睛，讓思想達成心靈交流的藝術，是世上最偉大的發明。它使得我們得以穿越時空，和已逝的人、同代的人，及尚未出世的人交談。」很多時候他會自己寫演講稿，或是用心默寫一些感想。年齡增長後，林肯由說故事到喜歡演講、發表意見；因為書讀得多，對一些事物的看法，也能夠說出一番道理來，同時也培養出他的好口才。所以，即使這次對選民發表政見的時間很匆促，卻一點也難不倒林肯。但他還是落選了。不過值得安慰的是，新沙倫全村兩百八十四票，林肯獲得了兩百七十七張票，大概凡是認識他的人，都把

票投給了他。

　　沒有選上伊利諾州州議員，原來工作的店舖，又因為老闆欠債而兒停業。正在不知該怎麼辦時，有一個叫羅文‧韓丹的人把他的店舖所有權一半賣給林肯，林肯又找了一位合夥人：威廉‧貝利。這家雜貨店到了晚上打烊後，常有村子裡的年輕人聚在店裡聊天，使得小店有點像是村子的活動中心。小店有時也為路過的人提供簡單的飲食。有一天，一位路過的小販，向林肯兜售各種雜貨，其中有一隻裝零碎雜物的舊桶子，小販說實在帶不動了，請求林肯買下，林肯便花了五十分錢買了這個桶子。某個空閒的日子，林肯動手整理這個桶子，卻意外發現了一套《英國法律集註》，這是那時要當律師的人，都必須讀的一套書。林肯一讀這套書，便愛不釋手，越讀越

有興趣。他堅定的告訴自己:「總有一天,我一定要成為律師!」

法律書籍雖然很有趣,卻不能為林肯的店帶來好生意。1833年,雜貨店開張不過一年多,卻已經撐不下去了。沒有多久,貝利又過世了,店裡的欠債高達一千一百多元,面對這麼一大筆不得了的債務,林肯很害怕,卻不逃避。他向每一位債主解釋、請求,如果他們寬宏大量,相信他,別一直緊跟著向他要錢,他會努力工作,把債還清。他果然言而有信,勤奮工作;但收入實在太微薄了,償還這筆債,前後共花了他十七年的時間。為了讓債主們放心,他決定在剛開始還債時留在新沙倫,不到別的地方發展。林肯深深相信母親的教誨,當你準備好了,時機成熟了,上天就會指示你一條光明的道路。

　　1833 年，林肯二十四歲時，出任新沙倫郵政局局長，一年薪水二十五元。郵局沒有地址，這是一人郵局，林肯還得身兼郵差。他把郵件放在自己的大帽子裡，到處去送信，碰到不識字的人，他還會為他們讀信或寫回信。郵局收入雖少，不過他可以免費讀到外地及本地的報紙。他發現報紙的報導很有趣，讓他增加不少見聞，有時在出去送報時，他也會把報紙上的消息說給大家聽，他本人好像也成為一份能傳播消息的報紙了。林肯從此愛上了讀報紙，這個習慣和他愛讀書一樣，一直維持下去。

　　為了生活和還債，林肯在郵局工作之外，也拼命兼差。他去幫鄰居砍柴、收割農作物、在磨坊裡做工、幫人代筆寫東西等。又在從前的老師葛理翰教導下，每天研讀兩本有關測量知識和技

術的書。一般人至少要學習半年以上，才能成為合格的測量師，林肯大約花了兩個月的時間就做到了。他去買了一匹馬，開始他的測量師生涯。除了了解測量學的知識，林肯最大的本錢，依舊是眾人對他的信任。許多人在出售土地時，都請林肯代擬法律文件；他既懂得土地測量，對如何劃分土地也有概念，又懂得立契約書，這一切，加上他的細心、老實，大家都相信交給他辦，一定可以辦得很好。

在為生活奮鬥的同時，1834年，在支持者的鼓勵下，他再度競選伊利諾州州議員。樸實無華的林肯連一套像樣的西裝都沒有，但他也不在乎，在競選期間，他最喜歡穿著平常的衣服在農田旁和村民說話。有時，農民想要考驗他是不是一位真正的農夫議員候選人，林肯便馬上下田

收割穀物，他紮實的功夫，為他贏得不少選票，也讓他順利當選。二十五歲的林肯從此開始他的從政之路。

那時，伊利諾州的首府在凡德利亞，林肯必須到那裡執行議員職務。一位好心的農夫借給林肯一點錢，讓他可以買一點衣物，又幫助他還了一些債，林肯才有了新衣服上路。但到達凡德利亞之後的住宿和伙食費卻沒有著落，他實在不願意再麻煩朋友。幸好，隔了幾星期，議會通過議員可以預支一部分薪水的決定，才解決了他的難題。

當時，美國只有兩個政黨：「自由黨」和「民主黨」＊，林肯是代表「自由黨」參選並獲勝。他在凡德利亞參與議員生活，再次開了眼界。他仔細傾聽有經驗的議員們的發言，注意他們的發言技巧；他也仔細研讀這

些議員們提出的議案，對於整修鐵路和運河的議案都很有興趣，且投票支持。州議員任期一屆是兩年，1836年他獲選連任，並且成為「自由黨」的主要發言人。

過了一年，當時，議會裡有一項議案，內容是不承認奴隸制度是一種不人道的行為。林肯深感不平，他提出自己的看法，指出奴隸制度是建立在不公平和敗壞的政治基礎上。這是林肯第一次公開談論奴隸制度。經過這幾年的觀察和探討，他逐漸認為政府和代表老百姓的民意代表，應該負起為奴隸爭取權益的責任。

放大鏡 ＊「自由黨」(Whigs) 在 1829 年成立，其黨員威廉‧亨利‧哈里遜 (William Henry Harrison) 當選美國第九任總統，及查喬利‧泰勒 (Zachary Taylor) 當選美國第十二任總統。到 1856 年被「共和黨」(Republican) 取代。「自由黨」和「共和黨」基本上主張國家要有一個強大有力的中央政府，也就是聯邦政府，來管理每一州的有關事務。即由聯邦政府制定法律，由全國各州遵守。「民主黨」(Democrats) 則主張每一州有權力各自管理州內事務，不受聯邦政府的干涉。

　　1837 年，林肯決定搬到春田市，這裡是當時伊利諾州一個繁榮的小城，剛剛成為伊利諾州的首府。他很感激在新沙倫的那一段經歷，搬到那裡時，他兩手空空，現在是滿載而歸。他覺得是新沙倫栽培了他。然而，他想更上一層樓，相信新沙倫的鄉親會支持他這麼做。決定搬到春田市的同時，林肯打算成為律師。那個時代，成為律師，不必接受過正規教育，也不需要通過考試，林肯憑藉的是鄉親們證明他誠實公正的推薦函，並得到政府機構認可且完成登記，宣誓遵守美國憲法後，就可以做律師了。

　　林肯和一位老友，也是一名受尊敬的律師約翰・史都華一起合開律師事務所。律師事務所的業務雖然不怎麼好，但林肯恪盡本分，仍然一本正直的態度，為客戶處理訴訟事宜。尤其是為窮

人和受冤的人辯護時，他的口才特別出眾而有力量。而且，他童叟無欺，絕不亂收賄款，也不貪汙，所以他的合夥人史都華說，任何時間到事務所，林肯收到客戶的錢，和事務所的帳上的記錄都是一樣的。

在一步一步往前奮鬥時，林肯不忘他的「美國夢」，他說，每個人都可以改善自己的環境，有了這種力爭上游的生命力，生命才會有奮發圖強的力量。沒有人一輩子是別人的雇工。只要肯努力提升自己，昨日的雇工，今日便會是自己的主人，明日則將雇請別人替他做工。在林肯的「美國夢」裡，他更希望平等的社會中，每個人都有機會，包括黑人在內。

在從事律師業務和擔任議員的同時，林肯也完成了他的終身大事。生母和繼母都是林肯最敬

仰的女性，在他心中有著永恆的地位。不過，林肯倒沒有硬是把未來的妻子塑造成某種形象，至於愛情何時會來，林肯則是隨緣分安排，一點也不擔心。在擔任新沙倫郵政局長時，林肯認識一位債主的女兒安妮‧勒力傑。當時安妮已經訂婚了，但林肯仍然對這位有著一頭金髮，溫柔、美麗的少女仰慕不已。他們保持有禮貌、守分寸、自然而和諧的交往，時常在一起聊天。後來，安妮的未婚夫忽然音信全無，安妮等待了一段時間，決定接納林肯。他們高興的計畫兩人的未來。

沒有想到，兩人都感染了由蚊子傳染的瘧疾。林肯和病菌對抗了幾個星期後，慢慢康復了，但安妮卻一病不起。對失去初戀女友，一向堅強的林肯，變得情緒低落；他的樂觀，也被憂鬱取

代。他形容自己的難過，就像心中某些寶貴、不是用金錢可以買得到的東西沒有了，而且永遠再也回不來了，他的心像空了一樣。他的眼神充滿了悲傷，朋友們紛紛安慰他，為他打氣，安排他到田裡去幫忙，讓他不會坐在家裡胡思亂想。林肯在友情溫暖的照顧下，慢慢恢復過來。

林肯三十一歲時，認識了出身富裕家庭的瑪麗‧陶德。瑪麗年齡比林肯小十歲，聰明、活潑，受過良好的教育，是春田市上流社會最受注目的千金小姐，更是許多人追求的對象。和當時其他有錢人家的小姐相比，瑪麗有一點很大的不同，她雖然出身於一個畜養黑奴的家庭，在長大成人之後，卻反對黑奴制度。小時候，她曾看到過她的黑人奶媽偷偷拿食物給奴隸們，並幫助他們逃走。瑪麗因為同情黑人，所

以從來不曾向父母告狀。

　　瑪麗在青少年時期，多次目睹黑奴拍賣會。有一次，她見到一個只含有六十四分之一黑人血統、外表根本和白人一樣、一直是被當作白人扶養的少女，也被人抓出來當作奴隸來拍賣。瑪麗見到這個她認識的女孩，心裡真是不平極了，六十四分之一的血統，竟決定一個人的命運。可是她又沒有辦法解救這個少女。幸好，一位善心的牧師買下這個少女，然後把少女釋放了。瑪麗經歷這些事件之後，她認為黑奴制度是殘忍的，不應該讓這個制度存在，而且應該要用慈悲心來幫助這些不幸的人。

　　瑪麗的父親羅勃·陶德對政治有興趣，曾經在軍中擔任過連長，後來又擔任過肯塔基州議員，及肯塔基銀行總裁，所以她交往的對象，有不少是正朝著政

治圈發展的年輕人。在這些人中，瑪麗獨對林肯特別欣賞。瑪麗的家人都不贊成他們在一起，以中國的成語來形容，他們認為兩個人「門不當，戶不對」，兩個人的家庭背景太不一樣了，連林肯自己都很遲疑。儘管那時他已經三次連任伊利諾州的議員，又不斷自我訓練，改變口音，使他談吐優雅，並培養出一種彬彬有禮、氣宇不凡的氣質，但對於娶一位從小就有傭人伺候，衣食不缺，處處受到呵護，從來沒有做過粗事的嬌貴小姐，他猶豫了。過慣苦日子的林肯，沒有信心能讓瑪麗今後過著和在父母親家一樣的優裕生活，他多次問自己：我能成為一個好丈夫嗎？

瑪麗倒是對林肯很有信心，對這個談起政治，雙眼就發亮有神的年輕人，她有說不出的愛慕，她不僅不願和其他人來往，

甚至還說過一句流傳不已的話：
「我相信他總有一天會做總統！」
這句話連林肯聽了都嚇一跳，他
一直立志要成為一個有用的人，
卻從沒有想過要成為一個國家的
領導者。也許是因為父親對政治
有興趣，連帶讓瑪麗對政治也比
較了解，她觀察到林肯有從政的
才能，堅信自己的眼光，因此更
加熱愛林肯。林肯面對瑪麗的一
片熱情，終於決定和她結婚。但
沒有想到，向來守信用的林肯，
居然逃婚了，他沒有在婚禮中出
現。

　　林肯知道自己傷害了瑪麗，
但他想了又想，覺得婚姻是人生
的大事，他還是要想清楚自己到
底能不能成為好丈夫？對他來
說，先了解自己的責任是什麼，
這才是負責任的態度。林肯的一
位好朋友那時也對於要不要結婚
而猶豫，林肯對自己結不結婚沒

有把握，倒是鼓勵好友不要錯過這個好機會。後來，見到這位朋友結婚之後過得很幸福，讓林肯得到了啟發。他體悟到，如果真正愛一個人，就會想要帶給對方幸福，只要這麼想，就一定會全力以赴。他想通了這一點，沒有多久，他和瑪麗在朋友家意外重逢，兩人都很喜悅，再度交往了一年，林肯覺得自己在組織家庭方面的心態比較成熟了，他重新鼓起勇氣向瑪麗求婚，兩人終於在 1842 年 11 月結婚。那年，林肯三十三歲。

婚後第一年，林肯收入依舊不多，他們在春田市一家小旅館，以每星期四塊錢的租金，租了一個既狹窄又潮溼的房間，但那就是他們的家了。瑪麗努力適應新的生活，因為居住環境的簡陋，以前來往的有錢朋友也不來了，瑪麗都一一忍耐下來。第二

年，瑪麗生下他們的第一個兒子，取名羅伯。夫婦兩人省吃儉用，在一年之後，買下了一棟小房子。林肯除了照顧家庭外，其餘的時間都在外面奔波，主要是在各個臨時法庭之間走動，遇到有案子，就接下來辦。他最忙的時候，工作範圍達到十五個郡。遇到工作繁忙時，他出差一次，往往要好幾個禮拜，甚至好幾個月才能回家，他一回到家，就幫忙妻子照顧兒子。這樣的奔勞，林肯不以為苦，一方面，他本來就很敬業、很上進，不怕忙累；另一方面，有了家庭，做了父親，他要扶養妻兒，應該更加努力。

漸漸的，家境有了改善，雖然還不是很富裕，但林肯已經不需要像以前那樣為家計操心了，生活也安定下來。到了 1845 年，林肯有了從地方議員轉任聯邦國

會議員的打算。可惜的是，他所
屬的「自由黨」，提名林肯的好
友愛德華‧貝克，代表「自由
黨」競選。林肯相信黨的選擇是
對的，他祝福朋友能夠成功，而
他自己則決定單獨成立律師事務
所。他邀請一位也是致力取消奴
隸制度的年輕律師威廉‧韓頓做
合夥人。韓頓分擔了事務所的財
務和其他行政工作，林肯因此能
夠全力向自己邁向國會的目標前
進。

　　1847 年，三十八歲的林肯當
選為國會議員，他滿懷信心帶著
妻兒來到首都華盛頓。身材在國
會裡最高，但卻是無名小卒的林
肯，雖然衣著破舊卻不以為意，
眼睛裡總是閃著活力的光芒，全
心放在了解各種議案上。那時，
議會裡最被關心的議題，是美國
和墨西哥的戰爭問題。美國屢戰
屢勝，並且早在林肯進入國會的

前兩年，就已經將德州劃為美國的一州；但是墨西哥卻拒絕承認，仍然宣稱德州是他們的領土。兩國之間氣氛緊張，關係僵持。

就在林肯到國會就職不久，當時在任的波克總統＊宣稱是墨西哥軍隊先向美國進軍，林肯經過研判，認為波克的說法不對，於是隔了幾天，這位國會新人，對波克總統發出譴責，令波克總統非常沒有面子，使得總統不得不承認，開火的其實是美國部隊，而且戰爭也不是像總統所說的，是在美國領土爆發，而是在墨西哥領土上發生的。

過了三個星期，林肯第一次

＊**波克總統** (James Polk) 在 1845 年至 1849 年擔任美國第十一任總統。他在 1846 年以墨西哥巡邏兵越界為藉口，向墨西哥宣戰，墨西哥最後戰敗。1848 年，美、墨兩國簽訂和約，從此，德克薩斯、新墨西哥、加利福尼亞正式劃入美國版圖。

在國會發言。他毫不畏懼的面對有權勢的總統和內閣。林肯提出事實和證據，堅稱墨西哥聲明部分領土屬於該國並沒有錯，他認為這場戰爭違反正義，而且是侵略別的國家，應該馬上停止。林肯這一場正義之聲，令很多人大吃一驚，沒想到這位看起來個性溫和的人，一發起言來，居然這麼有魄力。雖然林肯言之有理，但國會裡很多議員並不認同，他們還是希望國家的領土越大越好。國會外面的人們指責林肯不愛國；他所代表的伊利諾州民眾對他很不諒解，還罵他是「叛徒」。

　　林肯極力想要澄清大家對他的誤解，他收集了和他立場相同的人的意見，送到報社去，報社卻拒絕刊登。但林肯不願意沉默，他即使失去連任的機會，也要仗義直言。接著，林肯的聲望

一落千丈，到了 1849 年任期屆滿時，他沒有獲得連任。他本來致力謀求在首都華盛頓擔任地政局長，但政府卻打算任命他做俄勒崗州的行政長官，瑪麗覺得那兒的社交生活比不上首都華盛頓和春田市，既然沒有法子留在首都，她希望回到春田市，在那裡他們有較多的朋友。林肯也想回去重新再做律師，於是，林肯婉謝了政府的任命。

重操舊業做律師，林肯以為他的政治生涯就此結束，他又開始過著鄉村律師的生活，隨著法官、檢察官、書記官等人，到各個市鎮巡迴開庭。起先，他向朋友借一匹馬騎，後來才自己買了一匹馬。他沒有雇用馬夫，每次都是自己動手為馬洗澡，切草餵馬，人家看他一副鄉巴佬的樣子，一點也不像是去首都見過世面的人。他們一行人有時將法庭

設在住家較大的人家，有時是學校或教會，遇到沒有適合的場地，就露天開庭。吃的是普通的鄉下菜，住的地方有時沒有床，只能睡在地上。林肯對吃苦一點也不在意，他倒是很喜歡這個機會，可以接觸到很多鄉民，和他們聊天，多了解一些老百姓的生活。

　　律師工作也訓練林肯多思考，多求證。有一回，一位年輕人被指控是殺人嫌疑犯，年輕人頻頻叫冤，可是沒有人相信他。林肯決定挖出真相，於是出庭為年輕人辯護。證人指出，當晚他在十點半左右時，看到一群人從酒店出來後不久就打起架來，被害人受傷後回家不一會兒就死了。證人說，那晚月亮像是日正當中的太陽一樣清晰光亮，所以他在距離打架現場約十公尺的地方，清楚看見嫌疑犯行兇。

　　林肯不慌不忙的從口袋裡拿出一本曆書，上面記錄每晚月落的時間，根據曆書，證人所說的時間點，月亮已經下落了，而且，經事實查證，證人說他那時所站立的位置，其實有一棵大樹，因此是不可能看得清楚被害人是被誰打死的。同時，作為行凶的木棍，被證實當晚還在木棍製作人的家裡，上面還有名字的縮寫，木棍製作人嫌棍子不好用，才隨手扔掉了。但是在凶殺案發生之後，卻被證人撿來當作證物，可見證人的指證是假的，真凶另有其人。他為受到冤枉的年輕人爭回了公道。

　　林肯經常為受冤屈的人辦案，也為貧苦的人辯護，對於他們，他的收費很便宜，當地的律師都抱怨，說林肯把他們的生意都快搶光了。

3 追求正義的從政者

除了受冤或貧苦的人外，林肯還是按照一般的價格收費。他們慢慢的積存了一些錢，瑪麗就用來還債，然後把家布置起來。有一天，當林肯出差了一陣子，回來後，卻發現自己找不到家，因為眼前的那棟房子，林肯完全不認得，他只好去詢問鄰居，原來自家的平房怎麼不見了？現在出現的那座樓房又是誰的？鄰居聽了大笑不止，告訴他，瑪麗利用他不在家的時間，把家翻修了。

林肯住在瑪麗改造後的體面住宅裡，他的為人卻沒什麼改變，鄰居看到他還是坐在家門口自己擦皮鞋；瑪麗給他買了新衣服，他也不穿，說穿著新衣服，會老是擔心把衣服弄髒了，事情

反而做不好。人們經常看到的這位地方上有名的律師，還是穿著舊衣服，頂著一頭亂髮，不坐馬車，而是自己騎馬出門去買麵包和食品。出庭之餘，或幫助農民做工，或擠牛奶，或鋸木頭，或鋤雜草，或整理田地，有錢沒錢，對他一點影響也沒有。

　　在平靜的鄉村律師生活裡，林肯以為他不會再回到政壇，但他沒有一天不關心國家大事，特別是奴隸問題。奴隸問題在17世紀的美國，非常的複雜，並不只是單純的「大家都是人，為什麼有人會被當作動物一樣，被賣來賣去」的問題。這其中還牽涉到美國社會的經濟發展。1776年美國獨立之後，陸續引進了英國的工業技術，並且加以改進；另一方面，也自行研發新產品，工業發展蓬勃，發明層出不窮。同時，交通運輸和其他公共設施，

也不斷建設、擴充，整個國家非常有活力。

　　但是，北方與南方，兩者的差距也漸漸表露出來了。北方各州已經迅速發展成為工業社會，成千上萬的工人，包括歐洲來的移民，進入工廠、煉鐵廠、造船廠等，不只技術上有突破，生產力也有所增加。南方則還是農業社會，農產是主要的收入來源。農田的工作，需要大量的勞工，仍然需要依靠黑人耕作，奴隸制度對南方來說，非常重要。但北方認為，黑人作為勞工沒有問題，但應該讓黑人自己決定要不要被雇用，以及有權利和雇主討論自己的薪資。南方與北方對於奴隸制度是否廢除，已經爭執了一段很長的時間。

　　1852 年，有一位史鐸夫人出版了一本叫做《湯姆叔叔的小屋》*的小說。史鐸夫人看到社

會不公不義一，決心以通俗小說的
方式，用淺白的文字，揭發奴隸
制度的殘忍，以及支持這種冷血
制度者的無情、私心、缺乏人
性。奴隸生活的悽慘情狀，躍然

放大鏡

＊《湯姆叔叔的小屋》 (*Uncle Tom's Cabin*)
1852 年出版，作者史鐸夫人，原名哈麗葉特‧伊莉莎白‧比徹
(Harriet Elizabeth Beecher)，嫁給神學院教授卡爾文‧史鐸 (Calvin
Stowe) 之後，被稱為史鐸夫人。1811 年出生於美國康洒狄克州，
父親是基督教牧師，後來在俄亥俄州辛辛那堤市擔任神學院院長。
史鐸夫人從小受父親影響，篤信宗教，關心宗教、道德和社會問題。
她在辛辛那堤市居住了十八年，那裡與南方的奴隸社會僅相隔俄亥
俄河，使她有機會接觸從南方逃出來的黑奴，聽過許多黑奴悲慘的
遭遇，更曾多次前往南方，目睹實際慘況。她以通俗小說的方式，
透過黑奴湯姆數度被賣到不同的主人家的遭遇，來襯托出當時黑人
的命運。書中雖揭發了社會對待黑奴的黑暗面，但也描述了人性的
光輝。

　此書一出版，四天之內就賣了五千四百本，一年的銷售量高達三
十萬冊。那時美國人口約二千四百萬人，其中有不少不識字的文盲，
在南方又被視為禁書，卻成為暢銷書，反映了當時美國社會對於黑
奴問題的關注已經成為一股澎湃的潮流。被近代西方史學家認為，
這本書是美國南北戰爭的導火線之一。林肯也曾稱史鐸夫人是發動
南北戰爭的婦人。此書已被列入世界名著之一，被稱為對人類具有
影響力的偉大著作，全球至少有二十三種語言譯本，也被多次改編
成多國語言劇本，在世界各地演出。清代末年的著名文學家林琴南
曾翻譯過這本書，中文譯名是《黑奴籲天錄》。

紙上。史鐸夫人以一個女子的身分，勇敢的揭發了那時沒有人敢探討的黑人政治地位問題，社會階層問題，宗教精神問題，婦女在政治和社會所應扮演角色的問題。

她的文筆充滿感情，提出的問題則尖銳的反映了當時社會在奴隸制度下的動盪不安，如奴隸制度與殘虐如何密不可分，自由與奴隸社會在根本上是如何的不相容等，得到大批群眾強烈的共鳴。這本奇書，超越了文學的範疇，後來被稱為是引起南北戰爭的原因之一。林肯對它也相當推崇，他曾多次提到每回見到黑奴被鐵鍊綁著鎖在一起的哀痛、無助慘況，不論是在記憶裡，或是真實的情景，都使他陷入非常痛苦的感覺裡。現在這本書的出現，群眾熱烈的迴響，更激發他解放黑奴的決心。

　　這時，已經是 1854 年。在政壇上，曾經是伊利諾州檢察官，過去多年一直是林肯對手的「民主黨」的史蒂芬‧道格拉斯，此時已是政治界的紅人。他在國會提出一項議案，這項議案名為「堪薩斯──內布拉斯加法案」＊，內容是允許這兩個新成為聯邦政府一員的兩州，有權自己決定是否解放黑奴。道格拉斯

　　＊堪薩斯──內布拉斯加法案　(Kansas-Nebraska Act) 1820 年，南北雙方曾經簽定「密蘇里協議」(Missouri Compromise)，在這項協議之下，以北緯三十六度三十分為界線，以南過去使用奴隸制度，則仍維持奴隸制度，以北則永遠不得建立奴隸制度。根據這項協定，往後三十年中，彼此各自為政，沒有因為奴隸制度發生重大爭議。然而，堪、內兩州在 1854 年加入聯邦時，史蒂芬‧道格拉斯為了日後參選總統鋪路，於是提出討好南方的「堪薩斯──內布拉斯加法案」。

　　林肯反對這項法案，是因為根據這項法案，不但廢除「密蘇里協議」，而且新加入聯邦的州，有權決定是否採取奴隸制度，等於是為將奴隸制度擴張到本來並沒有採取奴隸制度的州鋪路；也就是本來根據界線規定不能建立奴隸制度的各州，在法案通過後，也可以自由決定要不要建立奴隸制度。林肯認為，這項法案，對廢除奴隸制度不利，而且形同鼓勵各州自治，影響聯邦政府的統轄。

在國會，和他隸屬的「民主黨」裡，都很有力量。

他除了長期控制參議院之外，也為自己未來計畫參選總統而鋪路，「民主黨」的主要票源在南方，所以道格拉斯不願意得罪南方，便有意讓新加入聯邦的州，可以有權利決定是否廢除奴隸制度。林肯不贊成這種作法，他認為這樣一做，會對黑奴更不公平，也使得有的本來是和聯邦同站在反奴隸制度的州，為了表現地方有自治權，因此立場動搖，改變原來反奴隸制度的立場，影響全美國的統一和團結。不過，林肯的奔走呼號，沒有成功，在道格拉斯的勢力之下，這項議案還是通過了。

該法案引起對整個奴隸制度的衝擊，其中有一個著名的例子。當時已有一對黑奴德雷德‧史高特夫婦向最高法院提出訴

願。他們原來是密蘇里州的黑奴，但曾被各自的主人帶到北方，他們在北方相遇而結婚生子，後來又回到密蘇里。史高特向法院訴請他本人及其家庭都應該恢復自由之身，理由是，他們曾到過禁止奴隸制度的聯邦政府土地，同時孩子也是在那自由之地出生的。密蘇里州高等法院裁決說，一個奴隸到達了自由領土，可以訴請自由，但返回密蘇里州後，本州就有權駁回訴請。史高特和支持他的人不服，官司一直打到聯邦最高法院。

最高法院受理此案。但當時的最高法院受南方控制，而且首席大法官羅傑·唐尼，本人就是馬里蘭州的奴隸主人。他的裁決果然充滿了偏見：黑人無權在聯邦訴請自由，因為黑人過去不是，也永遠不會是美國公民，所以史高特一家永遠是奴隸。唐尼

在判決中還說,在聯邦領土上,美國政府有義務履行人權,但這人權只是對白人而言,與黑人無關。黑人既然不是公民,當然在聯邦法律下不能享受任何權利。而黑人是白人的財產,身為公民的白人財產,當然要受到保護。這項判決,對關心解放黑奴的人是很大的打擊。為什麼黑人就不是人?不屬於這個國家?不能受到人權的保護?憲法難道不能修改或有其他的解釋?黑人就一輩子不能翻身嗎?＊

看到這種情形,林肯覺得唯有參政才能為黑人爭取自由權益。他和一群贊成解放黑奴的人合作,脫離「自由黨」,參加成立才兩年的「共和黨」,也就是今天美國的「共和黨」。林肯為1856 年總統大選中的「共和黨」候選人約翰‧佛蒙特助選,他發表了一百多次演講,雖然最後佛

蒙特沒有贏得選舉，但林肯卻奠定了他在「共和黨」中的地位。

1858 年，「共和黨」提名他為伊利諾州參議員候選人。林肯在提名演說中強調，他對奴隸制度在不同的州有不同的作法，非常不贊成。他說，分裂的家庭沒法子維持長久；同樣的，一個一半奴隸一半自由的政府，國家力量被分成兩半，也不可能長久。

放大鏡

＊此為美國著名案例：史高特案 (Dred Scott Case)。德雷德‧史高特夫婦是黑奴，以主人曾帶他們過自由州，也就是禁止奴隸制度的州為理由，要求恢復自由。史高特夫婦在 1846 年提出訴訟，官司打了十一年，1857 年，最高法院判決，史高特夫婦未獲自由之身。理由是，只有白人是美國公民，黑人不包括在內。黑人是白人的財產，憲法保護公民，國會沒有權力排除奴隸制度。這項判決，極為轟動，特別是引起反對奴隸制度者和輿論的強烈批評，認為這項判決成為法律，原來禁止奴隸制度的各州對於維護黑人的自由權利，等於被否決掉了，更加深南北的對立。

更可怕的是，奴隸制度就不再僅僅是有奴隸制度各州的特有制度，而成為聯邦的制度，是所有州的共同傳統與恥辱。最嚴厲的指責說：這項判決使得有以自由的稱號為榮的州，也有接受「奴隸之邦」汙名的州，全美國凡是有國旗飄揚的地方，就表示那裡有奴隸制度。果真如此，國旗上的星光與晨曦上的紅光應該抹去，應該染成黑色，繪上皮鞭與銬鐐。因為，美國已喪失它維護自由和人權的精神。

　　他不希望見到聯邦政府分裂，甚至因此造成國力衰退。「民主黨」在伊利諾州提名的候選人，正是老和林肯持相反看法的道格拉斯，他這次是爭取第三次連任。個頭不高，有「小巨人」之稱的道格拉斯，和林肯之間的競爭非常激烈。道格拉斯使盡花樣，他的競選花車布滿了花朵和旗幟，最讓人稱奇的是，車後裝了一尊大砲，每到一處，道格拉斯就鳴砲，好像在向全鎮的人宣告：「我來了！」然後又安排樂隊，一路吹奏；當道格拉斯進到政見發表會會場時，還有一批騎著馬的人，在他周圍，擁著他進場。林肯的競選依舊是不喧嘩，不講究排場，他和支持他的莊稼人，搭乘簡樸的貨車，四處奔波。有時，林肯看到道格拉斯吹吹打打的大陣仗，他就從口袋裡掏出一管小口琴，吹上一曲，幽

默默的說，這就是我和我的樂隊。

兩人都很嚴屬的批判對方對奴隸制度的立場，也費了很大的力氣、時間在群眾面前為自己的政見辯護，反駁對方的指控。林肯覺得這種辯論對群眾無益，他研判之後，想出一個策略，要求和道格拉斯同時到伊利諾州各地進行競選。在演說時，可以由道格拉斯先講，林肯再講，然後道格拉斯可以再講一次；也就是道格拉斯講兩次，林肯講一次。

接到這封建議書，道格拉斯非常緊張，他的競選總部職員的意見分成兩派。一派主張接受，如果不接受，萬一林肯把這封信透露出來，道格拉斯會被人譏笑是膽小鬼，不敢應戰。對道格拉斯的強人形象，會有很大的影響。反對派則說，林肯在全國的聲名，哪裡比得上道格拉斯，怎能相提並論？即使在論戰中，道

格拉斯擊敗了林肯，對道格拉斯的聲望也不會有多大提高。相反的，如果敗給了林肯，那對道格拉斯的打擊可就大了，林肯將會一舉成名；林肯要是敗了，對林肯不會有什麼損失。最後，道格拉斯閉著雙眼，以丟銅板的方式來決定這個重大的挑戰。結果，硬幣朝天的是人像，道格拉斯遵守他在丟銅板之前的諾言，接受辯論。

兩人的辯論，在美國歷史上十分有名，他們的論點，很多民眾已經分別聽過，現在的重頭戲，是雙方在七次辯論現場的表現。有一次，道格拉斯問林肯，如果真的主張黑白平等，為什麼娶白人做太太，而不是娶黑人？林肯回答說他年紀大了，不想離婚再娶。即使他還沒有結婚，他也會以男女兩人是否互相喜歡來決定終身大事，而不是以皮膚的

顏色來考慮。林肯最強調的是，不論哪一種皮膚顏色的人，都有權利決定自己要嫁或娶的是哪一種膚色的人。這就是平等。

林肯反問道格拉斯願意當奴隸嗎？道格拉斯不置一詞，林肯就乘機指著他說，世界上的事，都應該設身處地為他人著想，如果自己不願意當奴隸，就不應該讓別人當奴隸；凡是否定別人自由的人，就不能談自己的自由。林肯展開節節攻勢，他認為道格拉斯為了討好南方，不惜造成國家分裂，當時，他說了幾句話，這些話後來成為歷史名言：「你可以一時欺騙所有的人，也可以永久的欺騙某一部分的人，可是你卻不能永久的欺騙所有的人。」道格拉斯堅持他所提出的「堪薩斯─內布拉斯加法案」，他一再強調，民眾有權利決定各州是否實行奴隸制度，並指出這是「人民

主權」。林肯反駁，認為該法案會導致奴隸制度在北方蔓延，對黑人更加不公，他一次又一次嚴正批評奴隸制度是道德、社會及政治上的罪惡。

道格拉斯身材矮胖，頭大如斗；林肯個子高瘦，一頭蓬粗的黑髮，這兩人你來我往的辯論，一高一矮的身影，形成強烈的對比。他們之間的論戰，不論是思想的敏銳度，或是文辭的豐富性與口語表達的力度，在在創造了歷史性的記錄。這種鮮明的形象，是伊利諾州從來沒有過的，在美國政治史上也是空前的，因而引起全國的注意，造成很大的轟動。

辯論會會場周圍的商店，都關門不做生意，農人也放下田務，大家都跑去聽兩個人的唇槍舌戰，還把它當作是最佳娛樂。很多民眾覺得兩人的口才都很不

錯，也都是聰穎善辯的演說家。林肯以辯才和知識迎戰，態度很誠懇。道格拉斯不甘示弱，他的雄辯，對某些人來說也很有吸引力。

可惜的是，儘管林肯口才好，態度正直，最後還是道格拉斯得到勝利。有人認為，這是因為道格拉斯提出各州有權對奴隸制度做決定，這就是把各州自治權擴大了，他利用這次大辯論把各州自治的議題炒熱了。也有傳說道格拉斯花了大筆的錢賄賂選民，才保住他的參議員席位。然而，各種說法都不能掩蓋林肯失敗的事實。當然，林肯也不是毫無所獲，這一場參議員之戰，他磨鍊了口才，並且深入面對奴隸問題，更知道如何為自己的觀點辯護；同時，他也一戰成名。他提議辯論的創舉，和道格拉斯辯論時留下的筆記本，被人印成小

冊子，在全國流傳，現在他有了全國的知名度，很多人對這個鄉村律師好奇極了。

開始有人邀請林肯去演講，宣揚他的人權與自由理論。同時奴隸制度的問題在全國逐漸變得尖銳起來，越來越多的人體認到，號稱文明世界的美國，再也不應該允許奴隸制度存在了。甚至有人強硬的主張要採取武力的手段，約翰・布朗＊就是其中的一位。 1859 年，布朗率領五名黑

＊約翰・布朗 (John Brown) 是 1800 年出身於康迺狄克州的農民，主張以武力方式爭取解放黑奴，曾在堪薩斯州領導解放黑奴游擊戰。1859 年 10 月 16 日，他率領十九個游擊隊員，包括十四個白人，五個黑人，對維吉尼亞州的哈潑斯渡口的軍火庫進行突擊，他們希望藉此號召黑人進行武裝，在各地發動起義。布朗等人，被那時擔任總統的布坎南 (James Buchanan) 下令圍剿，終因寡不敵眾而被捕。政府指控布朗犯有殺人、叛逆、煽動奴隸造反等罪，將他處以絞刑。布朗為黑奴爭取人權的行動，激勵人心，將近一年半之後，就爆發了南北戰爭。他的精神，激勵了許多人，北軍的戰士所唱的一首鼓舞士氣的曲子，歌詞中寫著：「約翰・布朗的屍體已在墳墓中腐爛，但他的精神依舊在前進。」

人和十四名白人聯合起義，對位於維吉尼亞州的哈潑斯渡口進行突擊，他們很快占領了政府的一個軍械庫和兵工廠，逮捕一些奴隸的主人，並且號召那些被釋放的奴隸儘快向各地的奴隸傳播自由的消息。

布坎南總統＊擔心事態不可收拾，趕緊命令當地駐軍迅速去鎮壓。經過激烈的戰鬥，布朗和他的起義軍寡不敵眾，除了布朗和四人受傷被捕，其他的人都被當場打死。布朗在法庭上毫無懼色的表達他的理想：「為窮人戰鬥，這是一種正義的行為，這些人並不比你們當中任何人低劣。現在，為了進一步推動正義而需

＊**布坎南總統** (James Buchanan)1857 年至 1861 年擔任美國第十五任總統。在他任內，奴隸制度存廢的爭議越來越激烈，布坎南傾向支持奴隸制度，對於處理爭議並未發揮影響力。現代史學家批評他是美國歷史上不適任的總統之一，理由是：「沒有能夠扭轉南方諸州脫離聯邦的危機。」

要我付出生命的話，我將毫不吝惜的付出。」布朗驚天動地的舉動，引發各種呼籲、抗議、聲援，連法國的大文豪雨果也撰文為布朗說話。但這都改變不了布朗的命運，南方堅持奴隸制度的勢力還是不放過布朗，維吉尼亞法庭指控布朗犯了：殺人、叛逆、煽動奴隸造反罪，決定判他絞刑死罪。布朗死後，他的正義豪氣與胸襟，獻出自己生命的故事，深深打動人心，林肯就是其中之一。

　　不久，林肯應邀到大城市紐約演講，他那老舊的衣服上都是皺摺，身上有著他一貫的標誌：一頂大帽子、一把大雨傘以及皮包，這些全都是舊的。站在衣冠筆挺的男士，和穿著華麗的貴婦之中，很不調和；他倒是神情自若，並不覺得羞慚。聽到大家對他議論紛紛，說這個鄉下佬真有

那麼棒嗎？這裡是全國大都會，可不像鄉下那麼好混呢！

林肯沉著專心的準備演講稿，等上臺時，起先他只是斯文的照演講稿唸，聲音也不夠響亮，在場聽眾覺得很奇怪，這一點也不像傳說中口才一流的林肯啊！正當聽眾感到納悶時，忽然一陣風吹來，把其中一頁講稿自講臺上吹落，林肯彎下修長的身材，還來不及撿起來，那頁講稿又被吹走了。聽眾不禁笑了起來，林肯索性把講稿放一邊，鎮定的大聲講話。

他滿臉光輝，聲音宏亮，講詞也不像剛才那樣文謅謅的，好像寫文章一般慢條斯理了，頓時變成直來直往的口語，很坦率，更充滿了感情，有一種強大而令人信服的力量。頓時，會場沒有了竊竊私語，全場專心聆聽。哈潑斯渡口事件給了他靈感，林肯

真誠的希望眾人繼續推動正義，最後他懇求說：「讓我們相信正義的力量，讓我們永遠秉持這個信念，勇於履行我們都了解的義務。」當他講完後，全場響起如雷的掌聲，持續了很久很久，聽眾們相當肯定他的說詞。林肯沒有想到這次演講改變了他的一生。因為第二天各大報紙都報導他演講的消息，而且都是頭條新聞，有的報紙甚至還刊登了演講全文。這些都影響了全國的輿論，林肯也一躍成為「共和黨」總統候選人名單中的人選。

「共和黨」把 1860 年的總統選舉看得特別重要，黨內的資深重要人士一致認為，這是「共和黨」東山再起的關鍵時刻。為了推舉一位適合的總統候選人，他們首先做了民意調查，結果顯示，人們希望是一位樸實誠懇，來自基層的人選，林肯是他們心

目中最符合這種形象的人。另一方面，過去林肯和道格拉斯在競選時的辯論非常轟動，也提升了林肯在黨內的聲望，不少黨員支持林肯參選。

「共和黨」黨內取得一致的意見後，就向林肯遊說。林肯大吃一驚，他從來沒有想過要做全國最高的領袖：總統，而且他覺得自己的出身實在太微寒了，真是擔當不起呢。但「共和黨」一再說服他、鼓勵他，認為奴隸問題已經越來越受到全國的重視，林肯在奴隸問題上，曾與道格拉斯的辯論，已使他聲名大振，東部各州都十分欽佩他的勇氣，人們渴望一個真正有理想、肯奮鬥的人出來。

林肯在「共和黨」積極的鼓舞之下，終於決定出來競選。伊利諾州的地方父老，都十分興奮，他們自動自發的到處為林肯

宣傳，最引人注目的是，啦啦隊隊伍在牛車上面綁著兩根紮有旗幟的木條，寫著「亞伯拉罕·林肯，劈材者，1860年總統候選人：這兩根木條，是1830年林肯劈了三千根木條中的兩根。」會場內人聲沸騰，大夥要林肯辨認這是否真的是他劈的？林肯仔細、認真、小心的辨認了許久，最後才謹慎的表示，這可能是他劈的木條；林肯同時也很機靈的利用機會為自己宣傳一下，他笑說，自己還劈過更多漂亮的木頭哩。說完全場響起一片歡呼聲。

另外，鄉親們還就地取材，拿光禿禿的木材開路，強調林肯將以砍木樁的刻苦奮力精神，來為國家做事。林肯在熱心的鄉親催促下，也登上宣傳牛車，向大眾講述當年劈材歲月時，認真打工外，又努力學習的往事。這種樸實的宣傳方式，反映了美國中

西部大平原地區農村子弟自力更生，力爭上游的精神，呼籲大家應該給他一個出頭的機會。

1860 年 3 月在芝加哥舉行的「共和黨」全國代表大會上，儘管黨內有不少人肯定他，林肯也並不是無名之人，但黨內還是有競爭對手，紐約州的施華德參議員就得到不少人的支持。第一次投票，林肯獲得一百零二票，施華德得到一百七十四票；第二次投票，林肯獲得一百八十一票，施華德得到一百八十四票，沒有擔任過國家重要職位，出身微寒的林肯直到第三次投票時，終於獲得超過半數的選票，贏得提名，緬因州的參議員韓林被選為副總統候選人。

聽到這好消息時，林肯第一個反應是，要馬上回家告訴太太瑪麗，和她分享榮譽。他的伊利諾州鄉親們簡直樂翻天了，只見

當地到處是空酒桶，因為幾乎每一個人都為林肯贏得共和黨的提名喝了一大杯；至於喝空了的酒桶，都被熱情到最高點的鄉親燃燒起來，當作慶祝的煙火，慶祝家鄉優秀子弟登上全國的政治舞臺。

4 人權自由的維護者

「共和黨」推出林肯為總統候選人，它的對手「民主黨」內部卻對推舉自己的候選人意見紛紛。

過去一直和林肯打對臺的道格拉斯，這次在「民主黨」中再度出馬競選總統候選人。道格拉斯很有實力和經驗，他曾經做過最高法院法官，又做過國會眾議員和參議員，還兩次代表「民主黨」參加總統競選，但分別敗給富蘭克林・皮爾斯和詹姆斯・布坎南。1860年4月，在南卡羅萊納州的查爾斯頓市舉行的「民主黨」全國代表大會上，起先道格拉斯一路領先，但另兩名候選人緊追不捨；後來，由於部分代表抗議聯邦政府保護部分州奴隸制度納入黨綱遭到拒絕，於是以退

會來表達不滿，大會不得不停止開會。

　　過了兩個月，「民主黨」在馬里蘭州的巴爾的摩市再度召開大會，推選提出各州可以自己決定是否採取奴隸制度的道格拉斯為總統候選人。另一位和「民主黨」有淵源的約翰‧布瑞克里奇，因為不滿意「民主黨」提名道格拉斯，便自己召開會議，主張採納聯邦政府保護部分州的奴隸制度作為競選綱領，他也獲得了提名。無黨籍的約翰‧貝爾，因為有原則的支持奴隸制度，他支援聯邦政府，支援南方的奴隸制度，但不同意將奴隸制度擴大到其他各州，他也被支持他的群眾推舉出來競選總統。分裂的「民主黨」，等於有了三位總統候選人，分散了票源。

　　相較「民主黨」對奴隸制度意見的分歧，「共和黨」全體黨

員合作團結，一致支持林肯和廢除奴隸制度，雖然林肯較少在全國性的場合露面，但他堅決反奴隸制度的立場從沒有改變，又在紐約做了轟動全國的演說，感動了許多人，因而被認為是一國之首的最佳人選。「共和黨」對林肯很有信心，而且為林肯做了很多助選工作。首先，「共和黨」並沒有要林肯本人太積極的表現，反而只要他表現如平常般的謙和低姿態，親切的和民眾話家常即可。

　　「共和黨」的策略是，針對林肯的出身和性格，向全國還不太認識林肯的人加強宣傳。至於林肯一貫反對奴隸制度的立場，因為以前就有許多這類的公開聲明，所以沒有必要在這方面花過多的時間和精力。「共和黨」在各地的競選組織都為林肯設計了不同的宣傳攻勢，譬如：俄亥俄

州「共和黨」人出版了競選的小冊子《林肯──道格拉斯辯論集》，因為這兩人的辯論在美國是空前的，許多民眾還想回味，也有不少人想仔細分析全部內容。

中西部的「共和黨」則利用報刊，提出人們感興趣的話題，如「林肯為什麼要當總統？」《芝加哥論壇報》根據林肯的談話內容和自傳編寫了《亞伯拉罕·林肯其人》。這本書記述了林肯的生平事蹟，發行了幾百萬冊，使選民對林肯產生了濃厚的興趣，大家都認為林肯是一個傳奇性的人物。沒有多久，全國人民的熱門話題，就變成了「林肯是誰？」「他是做什麼的？」「他的樣子、個性、作風、主張是什麼？」許多刊物都刊出了林肯的畫像，稱他為「誠實的亞伯」、「劈材者」，林肯平民政治家的形象，

很快就深入人心，他的支持率也因此節節上升。

1860 年 11 月 6 日，是總統大選的投票日。那是一個寒冷的日子，林肯在春田市電報局守候開票結果。林肯和支持他的「共和黨」黨員，坐著靜聽各地陸續傳來的投票結果。他說些玩笑話想緩和緊張的氣氛，但這時他說的話竟然引發不了平時一定會有的幽默效果。大家的心情緊跟著電報機「滴的、滴的」響聲跳動，連林肯額頭上的皺紋都加深了。

本來，林肯只是想連任國會議員，現在居然可能登上全國最高的領導位置，他在喜悅中，也感覺肩頭的責任加重了許多。想著想著，一直到午夜，選舉的結果才傳來，林肯當選為美國第十六任總統。所有的親朋好友和支持者高興得不得了，很多人更是誇讚瑪麗的眼光，她在和林肯結

婚以前，就知道未來夫婿在政治上會是個不凡之人。

林肯本人則是同時感到光榮和沉重。光榮的是，一個沒有家世背景，出身貧寒的人，得到民眾的認可，將治理國家的權力交付給他。沉重的是，如同他在選舉之後第二天的記者會上所說：「你們的麻煩已經結束，而我的麻煩才要開始。」的確，從11月選舉完，到第二年3月就職的期間，林肯就已感受到國家可能會面臨內戰的危機。在選舉前，許多南方領袖宣稱，如果林肯當選，南方就要脫離美國。

先是在林肯當選後的第四天，南卡羅萊納州的國會議員辭職，離開首都華盛頓。到了12月，南卡羅萊納州宣布脫離聯邦政府。接著，密西西比州、佛羅里達州、阿拉巴馬州、喬治亞州、路易斯安那州、德克薩斯

州，也宣布脫離美國。到了 2
月，這南部七州的代表，在阿拉
巴馬州的蒙哥馬利市集會，他們
制定自己的憲法，宣布南部聯盟
成立，這七州不再屬於美國，並
且推選傑佛遜・戴維斯擔任總
統。他們積極訓練軍隊，甚至還
放話說：「如果北方不服氣，要打
仗的話，就儘管來吧！」後來又加
入北卡羅萊納州、維吉尼亞州、
阿肯色州、田納西州，一共是十
一州，形成南方邦聯＊，與政府
的北軍對抗。

　　林肯還沒有就職，就已經承
受國家分裂的重大壓力。他非常
的難過，甚至不想吃東西，變得
非常消瘦。但他一再激勵自己要
盡全力整治國家。在前往首都華

＊南北戰爭時，南方十一州脫離美國聯邦 (Union)，
自組聯盟。一般稱南方是「邦聯」(Confederacy)，稱北軍「聯邦」
(Union)。

盛頓就職以前，林肯回到家鄉探望親人，一家一家的與大家話別。除了到父親墓前掃墓，還特別去看繼母莎拉。一頭白髮，走路都走不穩的莎拉看著愛子，忍不住說怕再也見不到他了。林肯一隻手擁抱著繼母，一隻手指著天空喊著：「媽媽！」意思是老天爺做證，莎拉永遠是他的母親，他永遠不會忘記母親的。他又賣掉了房子，得到一筆錢，足以支付短期內的家用及前往華盛頓就職的旅費。

林肯又到他和韓頓合開的律師事務所去，兩人合夥十六年了，韓頓親眼目睹林肯一步步走上政治之路的高峰，林肯一直覺得兩人合作得很融洽，在這道別的時刻，彼此都覺得依依不捨。林肯處理了文件之後，看到掛在門外的招牌時，他要求韓頓不要拆掉招牌，因為這代表兩人之間

的友誼，不會因為他成為總統而改變。他希望有一天還能夠回來做律師。他還開玩笑說，雖然留了鬍子，改變了外貌，但對朋友的心是不會變的。

　　離開春田市的那天，火車站前聚集了一千多位鄉親，林肯向大家道別，他坦承內心非常捨不得離開這個住了多年的地方。分別之後，他相信有一天還會回到這裡。林肯知道自己的責任重大，他祈求自己的信仰能夠幫助他面對未來人生中的重大挑戰。果然，他一啟程，馬上就收到有人要在巴爾的摩市暗殺他的消息。要刺殺他的謠言到處流傳，還有很多詛咒他的信件和圖畫到處寄發，不得已，林肯只好改變行程，暗地裡搭乘另一輛火車前往華盛頓。這是他在國會議員任期結束十二年之後，第一次回到首都，沒有想到成為總統，卻面

臨生命被威脅的局面，甚至還有不少人懷疑他能不能順利就職。

林肯沉著因應。面對南方的敵視，為避免意外，在1861年3月4日就職典禮舉行那天，華盛頓街頭，尤其是賓夕法尼亞大道，都布署了武裝部隊，國會大廈兩側的高樓上，也派駐了安全人員。在緊張的氣氛下，林肯閃爍著堅定的眼神，在就職演說中談到目前國家面臨分裂的問題，他坦率的對那些對他懷抱不滿的人呼籲：「內戰這個重大問題的關鍵在你們手中，而不是掌握在我的手中。只要你們不發動攻擊，政府決不會攻擊你們，戰亂也就不會發生。我相信你們不至於對天立下要破壞政府的誓言，而我卻要立下最莊嚴的誓言：堅守、維護、捍衛國家。」林肯在最後結論時，很激動的說：「我們不是敵人，而是朋友、兄弟！我們不一

定要成為敵人。儘管情緒緊張，也決不會割斷我們之間感情的紐帶。」

　　林肯的大聲疾呼和種種努力，仍不能阻止南方與北方之間因為奴隸制度，而像點燃的炮竹一樣燒不停的衝突。1861年4月12日，林肯才就職一個月，當時在南方，北軍只剩下一個要塞沙姆達。當地守軍向林肯求助，林肯思考之後，實在不願意他崇敬的、代表美利堅合眾國的星條旗被扯下燒燬，而改成南方的星棒旗，於是決定派軍援救。當北軍的運輸船出現時，南軍反應激烈，美國歷史上血淚交織、長達四年的南北戰爭在這一天正式展開！

　　並不熟悉軍事的林肯，在開戰時，最急切的就是要找到一位驍勇善戰的將軍，擬定整個作戰計畫，並指揮北軍應戰。林肯那

時最欣賞的是名將羅伯‧李＊將軍。李將軍並不贊成南方的黑奴制度，他自己家中的奴隸，很早就讓他們恢復了自由。可是，當林肯希望李將軍擔任北軍的統帥時，作為一個南方維吉尼亞州出身的人，李將軍實在做不到指揮軍隊去攻打自己的故鄉。於是，他犧牲了在聯邦軍隊裡的大好前途，提出辭呈，回到南方，被南

放大鏡

＊羅伯‧李 (Robert E. Lee) 這位南北戰爭的名將，1807 年出生於北維吉尼亞州，二十二歲時，畢業於西點軍校。他曾在戰地司令部擔任助理首席工程師，1846 年至 1852 年，參與美國與墨西哥之間的戰爭。之後，出任西點軍校的校長。1859 年，他在維吉尼亞州處決了為解放黑奴而武裝起義的約翰‧布朗。接著被任命領導德州軍部。南北戰爭爆發後，他拒絕聯邦政府的邀請，選擇捍衛南方，因此辭去聯邦政府的軍職，接掌南方總司令。

李將軍驍勇善戰，在他領軍之下，南方曾贏得多場戰役。最後，雖然因為北軍正義精神的堅持，加上南方後繼資源不足，人馬困頓等因素，南軍投降了，但林肯和北方人民對李將軍仍然充滿敬意。一直到今天，他傑出的領導、服務的忠誠、戰爭期間始終表現出的人道精神、在軍事戰略上的天才和他所創造的榮譽事蹟，及極能自制甚少發怒的修養，都備受美國民眾推崇，也惋惜他的失敗是時代悲劇。

軍擁戴成為統帥。

　　缺乏合適的統帥，加上訓練不夠，北軍打仗打得很辛苦，雙方第一次重要戰爭發生於 1861 年 7 月 21 日維吉尼亞州的馬內薩市，離首都華盛頓很近。許多民眾還不知道戰爭已經逼近，有的民眾還帶著野餐到附近高處觀戰。大砲的聲音，在華盛頓聽得很清楚，林肯的孩子還拿望遠鏡眺望戰事。本來看情勢，北軍應該會贏，但是缺乏作戰經驗和有效指揮，加上南方援軍抵達，這場仗最後居然輸了。林肯被北軍的失敗震懾住了，他知道，一定要換一位有能力的指揮官，否則仗是打不下去的。

　　他選擇了在美國和墨西哥交戰時，表現不錯的喬治‧麥克萊倫。麥克萊倫被內閣和報章推薦，說他是軍事天才，林肯接受了眾人的意見，任命麥克萊倫為

指揮官。沒有想到，麥克萊倫在軍事上的表現不如外界的推崇，而且還有私心。他未來想參選總統，因此，他雖然幫北軍打贏幾場小仗，但他相信，如果以溫和的態度對待南方，他就有機會得到南方的選票。所以，他採取儘量避免和南軍直接交戰的策略；甚至在一次戰役中，明明北軍就快要攻下南方首都瑞奇蒙，麥克萊倫卻下達撤軍的命令，南軍李將軍抓住機會反攻，北軍反而敗北。

於是，林肯撤換指揮官，先是任命伯恩·賽德，但賽德對軍事不夠內行，禁不起考驗，很快就被南軍擊敗。林肯再任命約瑟·胡克，胡克犯了盲目樂觀、疏忽大意的毛病，同樣吃了大敗仗。林肯醒悟到對自己不內行的事務，又用人不當的嚴重損失與後果。後來，他幾度考察，任用

了默默無名的尤力西斯‧格蘭＊
將軍和林肯心中的戰將喬治‧米
德將軍，希望扭轉戰事。同時面
對失敗的局面，逃兵人數的增
加，戰爭號召力的減弱，和日益
高漲的反抗奴隸制度的風潮，林
肯不得不思考新的策略。他經過
深入的考慮，開始草擬一份宣
言。

　　他思考到，南北戰爭開始時

＊尤力西斯‧格蘭　(Ulysses S. Grant)1822 年
在俄亥俄州出生，二十一歲時，畢業於西點軍校後隨即從軍。他的
首次戰役，是在 1846 年到 1848 年，參加美國與墨西哥之間的戰爭。
1854 年，他一度辭去美國陸軍軍職。南北雙方破裂，戰爭爆發，1861
年，格蘭將軍重新加入聯邦政府軍部。一年之後，由於表現英勇，
善於指揮，被提升為少將指揮官。次年，在田納西州贏得兩場重要
勝利，聲名傳布各地。
　　1864 年，格蘭將軍被任命為北軍總司令，經過艱苦的奮戰，最後
率領大軍擊敗南軍，奠定北軍勝利的基礎，促使戰爭結束。他代表
聯邦政府接受南軍總司令李將軍的投降。這位南北戰爭中的名將，
在戰後聲望更加高漲，是人民心目中最勇敢的英雄，榮譽的象徵。
他在 1869 年被選為美國第十八任總統，四年後，再度連任。他被稱
譽是幫助林肯贏得南北戰爭的靈魂人物，沒有他，黑奴的命運和美
國歷史都將被改寫。

的目的，是為了維護國家的統一，到了後來，成為解放黑奴的戰爭。當然，國家如果不存在，就不能夠解決奴隸問題。然而，隨著戰局的演變，卻變成如果不能解決奴隸問題，就無法維護國家的命脈。

林肯透徹的研判當時的情勢，了解到局勢的變化，決心發表一個文告。他告訴內閣閣員，要挽救國家的危機，必須正式宣布解放黑奴，以這個宣告作為前提進行軍事行動，否則聯邦政府就要被對方征服。換言之，美國已到了必須以正式宣示解放黑奴來號召團結，並維護國家統一的時候了。但內閣憂心，北軍的戰勢正處於不利形勢，如果此時發表這篇宣言，可能會被對方認為是到了窮途末路所施展的最後手段。林肯同意，這份宣言應該等待適當的時機再發表。

　　直到有一次，北軍贏得一次戰役時，林肯再度徵詢內閣對於發表宣言的意見。內閣還是認為，宣言可能對南軍太過於刺激，一旦發表，說不定會使南軍更加強軍事攻勢。林肯很堅決的表示：「歷史，是我們沒有辦法逃避的。把自由還給奴隸，是自由人應該遵守的責任。而此刻參與這個決定的人，無論他是否願意，都會留在後世人們的記憶中。」這幾句語重心長的話，打動了內閣，終於使他們通過支持總統的決定。

　　林肯在 1863 年 1 月 1 日頒布施行歷史性的「解放奴隸宣言」＊，他形容這份宣言是：「有如電線，將愛國心和熱愛自由的人連結在一起。」宣言的核心，可以用一句話涵蓋，即從宣言頒布日起，宣示奴隸獲得「永久的自由」。

　　對於「自由」，林肯一直有著堅強的信念，他曾一再談到：「構築捍衛自由和獨立的堡壘，並不是望之森然的城垛、防衛堅實的海岸或軍隊。我們不能靠這些對抗暴政，我們仰賴的是對自

放大鏡

＊解放奴隸宣言 (Emancipation Proclamation)1862 年 9 月 22 日，林肯就已發表「解放奴隸宣言」，當時並未宣布實施，是因為林肯希望自那天起，給予南方一百天的時間作為緩衝期，讓他們考慮放棄奴隸制度，但南方始終不為所動。於是林肯在 1863 年 1 月 1 日，宣布施行「解放奴隸宣言」。這項宣言在美國歷史上具有重大的意義，主要內容包括：

　1.自 1863 年 1 月 1 日起，任何一州或州內指定地區如仍維持奴隸制度，當地人民將被視為反叛美國。

　2.凡是被當做奴隸的人，自即日起獲得自由，並且永久享有自由。政府除了承認及維護這些人的自由，並且對他們爭取自由所做的努力，不採取任何壓制行動。

　3.上述宣告獲得自由的人，除了必要的自衛，應避免使用任何暴力。同時，只要可能，在任何情形下，都應忠實工作，取得合理的薪金。

　4.上述各人，如條件符合，可以為美國徵集入伍，以保衛堡壘要塞、據點兵站及其他地方，也可在各種軍艦上服務。

　5.宣布各州反叛政府：阿肯色州、德克薩斯州、路易斯安那州（州內部分地區除外）、密西西比州、阿拉巴馬州、佛羅里達州、喬治亞州、南卡羅萊納州、北卡羅萊納州、維吉尼亞州（州內部分地區除外）。為剿滅叛亂，得採取適當及必要的軍事手段。

由的熱愛。幫助我們防衛的，是珍視自由，並且認為世間人人都有天賦自由權的那股精神。摧毀了這股精神，就等於在自己家的門口撒下暴政的種子。」

這項宣言立即得到北方人民的熱烈擁護，鬥志昂揚，在好幾個城市，例如波士頓、匹茨堡等，還鳴放禮砲，以慶祝此一偉大宣言。林肯獲得和美國國父喬治・華盛頓一樣的崇高地位和聲譽。因為「宣言」順應了歷史的潮流，強調人應該是生而平等的，在美國，人人都應享有自由。「宣言」更加鼓舞了青年人為理想奮鬥的勇氣，他們決心為新制度奮鬥到底。整個非奴隸區湧現了成千上萬的熱血青年，積極參加志願軍。與其說他們是為阻止國家分裂而戰，不如說是為了建立一個新制度——自由平等的社會而戰。

　　「宣言」指出，黑人可以參加聯邦政府的軍隊，因此全國各地出現了黑人參軍熱潮。據那時的統計，有二十萬名黑人到前線作戰；有二十五萬名黑人擔任後勤運輸工作，其中有九萬多名黑人奴隸是由南方逃出來的。這些黑人士兵，吃苦耐勞，作戰勇猛，增強了北軍的戰鬥力。另為了形勢的需要，在林肯的督促下，聯邦政府在「宣言」頒布之後，通過了「徵兵法」，改變了過去各州按名額攤派志願軍的舊辦法，採取由聯邦政府直接徵兵。

　　米德將軍很清楚自己雖然經歷了不少戰事，但還沒有指揮過大兵團、在廣闊的戰場上正面作戰的經驗。所以他分析了戰爭的心理因素，北方的戰士們在為信念而戰之外，更是為自己的家園、妻兒、穀物、牲畜和田地而

戰，這是他們希望打勝仗的心理。南軍方面，因為遠離故鄉已久，補給勢必不足，思鄉厭戰在所難免。米德將軍將兩軍戰士的心理分析得很透徹，並努力培養北軍戰士迎戰的力量，蓄勢待發。

1863 年 7 月 1 日，北軍與南軍在賓夕法尼亞州的小鎮蓋茨堡相遇了。米德將軍居高臨下，集中比較優勢的兵力及火力，對敵軍進行強烈的攻勢；而南軍自南北戰爭開戰以來，在李將軍卓越的領導下，多半處於打勝仗的局面，所以非常相信自己的實力，於是一場大戰就此展開。

九萬名北軍與七萬五千名南軍浴血奮戰三天三夜，雙方都死傷慘烈，北軍死傷一萬七千人以上，南軍傷亡則超過兩萬人，導致李將軍再也無力發起大規模的攻擊，因而由北軍贏得這次大戰

的勝利。這真是一場悲壯的戰鬥，米德將軍本來可以乘勝追擊，讓南軍全軍覆沒，可是，他寧可讓十分疲憊的士兵休息，等一場傾盆大雨停止之後再行動。這麼一來，南軍避免了更嚴重的傷亡，也逃過投降的命運，但也使得整個南北戰爭的時間拉長了。

　　蓋茨堡大捷的消息傳到華盛頓，這一天正好是 7 月 4 日美國國慶日，全民更加歡騰，因為這次大戰的勝利，是南北戰爭的轉捩點，也為勝利帶來曙光。

　　為了紀念在這次戰役中犧牲的戰士，聯邦政府於 11 月 19 日在蓋茨堡國家公墓落成時，舉行追悼紀念會。本來主辦單位並沒有打算邀請林肯演講，他們邀請的主講貴賓是麻州的著名演說家愛德華・艾佛立特＊。口才絕佳的艾佛立特滔滔不絕說了將近兩小

時，得到在場群眾歡呼喝采。最後主辦單位臨時決定請總統上臺說幾句話。林肯深邃憂鬱的雙眼凝重的望著群眾，他只說了五分鐘就結束了，現場的掌聲不是很熱絡。但這場在那時被忽略的精短演講，其講稿日後卻成了美國歷史上不朽的文獻，更名揚全球。

這篇只有二百六十六個字，

放大鏡

＊愛德華‧艾佛立特　(Edward Everett) 艾佛立特曾任美國眾議員、麻薩諸塞州長、哈佛大學校長、國務卿。他被認為是口才極好的演說家。他應邀在蓋茨堡國家公墓落成典禮上擔任演講貴賓，演說將近兩小時，詞藻華麗動聽，被報紙大幅刊登。那天典禮的主辦單位，認為沒有人會比艾佛立特說得更好。但臨時在典禮現場，還是決定請總統林肯說幾句簡短的話。有報導指出，林肯是在到蓋茨堡的火車上，隨意拿了一張紙草草寫了些重點，將他的思路稍微組織了一下。

但現代的歷史學家不同意這種說法。他們認為，雖然林肯是臨時上臺演講，但他平日不斷思考有關自由的問題，而且也不放過任何向大眾表達的機會。所以，他是細心準備過演講的內容的。多數歷史學家甚至認為，林肯為這篇「蓋茨堡宣言」，至少寫了五篇以上的草稿，使得這篇演講稿精闢又懇切，成為美國，乃至世界不朽的文獻；也顯示出真摯深思的精神比好聽的文詞更能打動人心，永遠流傳。

至今仍然極有說服力的演講稿，被認為是英文散文的精華，很多國家把它列入課本，當作教材，教育著一代又一代的學生。林肯懇切的語音，至今似乎仍隨時在民眾的耳邊響起：

八十七年以前，我們的祖先在這塊大陸上，創立了一個新國家。以自由為建國的基石，奉行全人類生而平等的理想。

現在，我們正為了一場浩大的內亂而戰。這場戰爭考驗這個國家，或任何信奉自由、致力平等的國家，能否千秋萬世，長久生存。我們在大戰的戰場上集會，把戰場的一部分，奉獻給那些為了維護國家而犧牲生命的人們，作為他們最後安息的地方。我們這麼做，非常合宜，而且也是必須

的。

　但是，如果我們從更廣大的意義來說，我們並沒有對這塊土地奉獻，我們沒有淨化這塊土地，我們也不夠神聖。曾在這裡奮勇作戰的人們，無論他們活著或死去，他們已為這塊土地奉獻了自己。我們能做的，相形之下，對這塊土地毫無增減。世人將甚少注意，也不會長久記得，我們在這裡說過的話，但卻不會忘記勇士們的功績。我們活著的人不如在此為烈士們未完成的功業而努力。他們曾在這裡奮鬥過，並有偉大的進步。我們不如致力當前重大的任務。有烈士們作為典範，使我們能夠為這份理想更加倍的貢獻心力。烈士們竭盡心力，讓我們毅然下定決心，不使烈士們的鮮血白流。

願這個國家在上帝的福佑下，重獲自由的新生，並使這個民有、民治、民享＊的政府，永遠不會自地球消失。

放大鏡

＊民有、民治、民享　林肯在「蓋茨堡演說」(Gettysburg Address) 裡，最後提到令人印象深刻的「民有、民治、民享」，所謂「民有」(Government of the people)，是說國家、政府都是屬於人民的；所謂「民治」(Government by the people)，是說人民選賢與能，選出民意代表來執掌政府，監督政府；所謂「民享」(Government for the people)，是說政府要體會民意，為人民的福祉而努力。這六個字，非常簡潔、好記，雖然字數不多，卻意味深長，表達了林肯以人民為主的政治理想，也被後世奉為崇高的施政理念。

5 國家統一的犧牲者

　　為了艱難的國家大事，林肯原來濃密烏黑的頭髮，已經漸漸斑白，鬍子也更散亂不齊。他每天吃得簡單，口味清淡；早餐通常只有一枚雞蛋，中餐是一顆蘋果、一塊餅乾，晚餐是一碗湯、一片肉、一顆馬鈴薯。但因憂心國事，他的胃口不佳，食量減少。如果妻子瑪麗不在家，他時常忘了吃飯，或根本不想吃飯。這使得他原本瘦削的身材，更加清瘦，體重也減少了三十五磅。加上白宮工作人員不多，林肯常要自己草擬大批的文件。

　　由於過分焦慮，通常他不在白宮的臥房睡覺。夜裡，不是躺在更衣室的小床上休息，就是在對街的電報局等候前線的戰報。每天大清早五點鐘起床後，就到

辦公室，但時常有一長排的人，等候與他見面，或磋商公事，或僅只是向他問候或祝福，他儘量不拒絕這些訪客。這麼一來，白天的時間就被占用了，他往往到了深夜，還在努力處理總統的公務。林肯還花不少時間翻閱地圖、圖書、文件，為的是研究他所不了解的戰術。

他有時去戰地醫院探望受傷的士兵，看到他們滿身汗血的軍服和軍帽，疲憊不堪，不但要忍受傷口的痛楚，還要面對死亡的威脅；至於那些死去的士兵，他們的遺體則腐爛、扭曲，慘不忍睹。不管是見到死亡或生還的士兵，他都脫帽向他們致敬。林肯懷著沉痛的心，儘量一病床又一病床的慰問，說些輕鬆的話，為他們打氣，有時連南軍的傷兵也去探視。他總是對陪同的人說，不要把他們當做叛軍，我們是一

家人，一家人自己打起仗來，真是令人痛心。醫生們本來為了醫治龐大的傷兵，早已累得不得了，幾乎都要累垮了，但陪同林肯巡視時，看到總統的臉色比他們更憔悴。他們在總統身上，真切體會到他正在實踐挺直腰桿往前走、決不怯懦的精神。

北軍的守衛軍官一直擔心林肯的安全問題，從南北戰爭開戰以來，林肯在深夜單獨騎馬外出時，已經遭遇兩次伏擊了，子彈都穿過他的衣服，差一點傷到他。還有一次，瑪麗出門時，馬車忽然失去控制，車伕被摔下馬車，車子撞上路旁的大樹，瑪麗被撞得昏了過去，被送到醫院急救，有輕微的腦震盪。事後調查發現，是有人潛入馬廄，在馬車伕的座位動了手腳，使馬車伕在馬車轉彎時，摔了出去，造成馬車失控。無疑的，這又是一場暗

殺總統的陰謀。守衛軍官勸林肯不要一個人出門，他卻不願意放棄多年來一個人出門，沒有人前呼後擁的習慣。找一大堆人陪他呼嘯而過，他認為那太囂張了，和他平民化的作風不合。他早把自己的生命獻出去了。

偶爾，林肯會讀讀他喜歡的書，碰到喜愛的句子，還會讀給周圍的人聽。有些人看到了，會指責他不專心處理國家大事，當民眾為了戰爭，生活過得很辛苦時，他竟然躲在一旁看閒書，實在太過分了。面對別人的指責，林肯只能苦笑解釋，他只能利用少許的時間，在他喜愛的書中，得到片刻的解脫，因為他幾乎要被戰爭的苦痛給悶死了。有時想到一場仗打下來，雙方就要死幾萬人，戰場上堆積如山的屍體、被破壞的家園、荒涼的土地、失去親人的家庭，逼得林肯難過得

簡直快要發瘋了。這時，他只能
依靠從書本裡得到的撫慰力量，
讓自己平靜下來，重新面對使人
喘不過氣的艱難局面。

工作如此沉重，生命又有被
殺害的陰影，然後家庭也開始不
順遂。先是瑪麗有了暈眩的毛
病，頭痛起來就不能控制自己的
言行，有時，一連臥病幾天都起
不了床。醫生也無法醫治她的毛
病，林肯只好儘量抽時間陪陪
她。但到後來，總統公務實在太
忙，以致無法照顧她。早在1850
年，林肯四歲的次子愛德華就因
病去世。後來，瑪麗又生下威廉
和湯瑪士兩個男孩。到了1862年
戰爭期間，十一歲的威廉也因病
去世。林肯在國事和家事雙重的
壓力下，簡直不成人形。有些老
朋友到白宮去看他，嚇了一大
跳，因為林肯變得臉色蒼白，濃
眉下的雙眼深陷，鬍子又長又

亂，整個人失去當年的風采，籠罩在一片悲傷的陰影下。1863年11月，從蓋茨堡演講回來之後不久，林肯得了天花，臥病在床。

在艱難的歲月裡，所幸兩個兒子帶給林肯夫婦不少安慰。老大羅伯，在父親當選總統時，已經是哈佛大學的學生了。後來許多人老是質問他和他的父親，為什麼那麼多家庭的孩子走上戰場報效國家，他卻可以不去參軍？羅伯有苦說不出，因為失去了兩個弟弟，母親變得非常緊張，總是害怕會再失去兒子。父親一直勸母親，有無數母親獻出他們寶貴的兒子，即使她們知道這孩子可能不會再回到家，但這些母親還是把孩子送走了。羅伯對於別人說他是懦夫及逃避兵役的特權分子這事，相當憤怒。最後他要求父親一定要讓他到軍中去，他被任命為格蘭將軍的上尉參謀。

　　小兒子湯瑪士，家人都喜歡叫他的小名「泰德」。他總是坐在父親腳下的地板上，喜歡和父親在一起。要是林肯開始寫字，泰德馬上起身把筆遞給父親。當林肯工作得很晚時，發現小兒子已在辦公桌旁睡著了，他便輕輕把小兒子抱起，送上床去。

　　身為一個發生內戰、就像手足互相殘害的國家的總統，林肯可能是全國最傷心、最孤獨、最沉重的人，泰德的童心，便成了父親的解憂果。有一次，泰德在白宮迴廊搭起簡單的櫃檯，想義賣水果和餅乾，然後把收入捐給衛生單位。他拿零用錢到街上向老弱婦孺買下他們的貨物來賣，他的生意很好，可是錢一收到，他就把利潤分給人群裡的窮人，一天下來，他根本沒有賺到錢，還貼上了自己的零用錢，可是，父親卻為他的愛心，高興了很

久。泰德有時會在白宮四周街上，拉一群飢餓的孩子到白宮吃飯，讓白宮的廚師忙得不可開交，這種事情也使林肯既開懷又驕傲。

有一年的聖誕節，泰德找出一批書，他告訴父親，要把書送給那些他和父親曾去訪問過的士兵們，因為，他一直記得這些士兵們曾對他說他們非常的寂寞。於是林肯整理了他的書，加上禦寒的衣物和食物，父子兩人一起捐獻。泰德有時還會自編自導自演有趣的小故事，趁父母親去看戲時，溜到後臺，混在演員中上臺。他扮演過穿破爛衣服的遊民，或是穿著軍服、拿著國旗高唱:「我們來了，亞伯拉罕爹，又有三十多萬人──高喊著自由的口號。」諸如此類，都能為林肯帶來一長串的笑聲，朋友們聽到了，都說，在春田時期歡暢的林

肯又回來了。

那時又到了要競選連任的時候了。南北戰爭的情勢發展，對總統大選有關鍵性的影響。其中，格蘭將軍攻下南軍的維克斯堡，更是決定性的一役。因為，維克斯堡位於密西西比河岸，是連接南部各州咽喉要地的軍事重鎮，誰占領維克斯堡，誰就掌握了整條密西西比河。但維克斯堡地勢險要，容易防守，卻很難攻入。格蘭將軍從 1862 年 11 月到 1863 年 4 月間，親自指揮大軍進攻維克斯堡五次，卻都沒有成功。那時，謠言四起，許多人都懷疑格蘭將軍的作戰能力，甚至跑到白宮，向林肯告狀，說他太愛喝酒了，經常喝得醉醺醺的，怎麼能夠指揮大軍？必是這樣，才耽誤了攻城的大事。

林肯知道格蘭將軍自接受重任以來表現都很不錯，相信格蘭

將軍是一個能帶兵打仗的軍人，認為不能以一時一地的勝負來定論成敗。他對這些告狀的人說，你們知道他喝的是什麼牌子的酒？我好交代軍需局買來分給各將軍們。林肯幽默的話裡有話，他的意思是，要是這酒能讓戰場上的將領個個像格蘭將軍一樣英勇，他願意多買一些，分發下去。從此，沒有人再說格蘭將軍的不是了。

　　林肯知人善任，充分信任格蘭將軍，格蘭將軍也更加拼命戰鬥以報答總統的賞識。他步步為營，再度展開圍城計畫，從5月起圍城，終於在1863年7月4日攻克密西西比州的維克斯堡，共俘虜南軍三萬人，繳獲一百七十二門大砲，六萬枝步槍，這是南北戰爭以來，北軍最輝煌的戰果。這次戰役，使格蘭將軍的大軍席捲了整個密西西比河，之後

逐漸控制南方城鎮，加速戰爭的結束。

　　之後，另一位勇將雪曼將軍也逐步逼退南軍，接著深入南方要地喬治亞州亞特蘭大市開戰，戰果斐然。他在 1864 年 9 月 2 日打了一場大勝仗，攻下亞特蘭大市。這兩名大將和其他將領的勝利，改變了外界的觀點。外界原先認為戰爭打得太久了，老百姓會厭倦戰爭，而戰爭又使物價上漲，很多生活用品，不是缺乏，就是比戰前貴了很多，使民眾有很多怨言，不只影響國家的團結，對林肯的聲望也很不利，因此認為他無法獲得連任。然而一再傳來的捷報，大大的振奮人心，民眾看到內戰結束的曙光，使得他們相信林肯總統的領導能力，能沉穩的掌握國家局勢，是美國的希望所在，於是擁戴他連任的呼聲高漲起來。

　　「民主黨」提名曾是林肯手下的將領麥克萊倫為總統候選人。林肯這次選舉的搭檔，是「共和黨」提名的田納西州州長安德魯‧強森，他是聯邦政府的堅強支持者。選舉結果，林肯再次得到勝利。

　　1865年3月4日是林肯發表第二任期就職演說的日子。當天本來天氣不佳，但當林肯致詞時，太陽破雲而出，陽光燦爛，天候的變化，使得人心激動起來。林肯諄諄懇切的告訴民眾：「在比預期來得長的戰事之後，我們對任何人不懷惡意，對所有人心存寬厚，堅持正義。讓全國繼續努力完成正在從事的事業，包紮好國家的創傷，關心那些肩負戰爭重任的人，照顧他們的遺孀孤兒，在個人之間，在與各個國家之間，締造並盡力保持公正，及持久的和平。」

　　第二任期開始的要務，首先還是解決南北的紛爭。在戰事進入最後的階段，林肯帶著泰德，到格蘭將軍攻陷的南方首都維吉尼亞州的瑞奇蒙去探視士兵與黑人同胞。林肯的座輪航行經詹姆士河上岸，聚集在河邊的黑奴，見到他，齊聲歡呼，手舞足蹈，後來甚至跪下來哭泣。林肯請他們不要對著他下跪，而要他們對上帝下跪，感謝神給了他們自由。

　　但是，在大街上，起先氣氛有點尷尬，不管是在路旁、在窗前，或是在樹上，都擠滿了人，大家瞪著眼睛盯著林肯牽著泰德的手，和他的幾個水兵侍從，在炎熱多土的路上默默走著。

　　林肯泰然平和的緩緩步行，漸漸的，他那高瘦的身材伴著溫柔沉穩的態度，打破了民眾的猜疑，開始有人脫帽向林肯致敬，

稱呼他:「是我們的朋友。」有人下跪祈禱,有人向他獻花,有人唱讚美歌。民眾把他包圍起來,敬畏又好奇的瞧著他。

林肯強忍著淚水,親切的說:「朋友們,你們自由了,像空氣那麼自由。你們可以甩掉奴隸這個字眼,踐踏它,它以後再也不會加到你們身上來。自由是你們生來就有的權利。上帝把它給你們,就像給別人一樣。你們這種權利被剝奪了這麼久,實在是罪孽。所以,你們必須努力,不要辜負這無價之寶。讓全世界看到你們值得擁有它,並且憑良心的表現來保持它。」

戰爭時期,林肯常到戰區和士兵們在一起。看到死傷者的慘狀,婦孺的哭泣,家庭的失散,美麗的莊園被廢棄成荒地,繁榮的街道被燒燬,地上到處是被砲彈炸成的窟窿;有時僅僅一場

仗，就有成千成萬的人死去，更不要說南北戰爭以來大大小小的戰役有多少了。這種種場景，令他不斷質疑：人類為什麼要互相殘殺？難道除了流血，就沒有法子貫徹正義？要使人道精神實現，只能透過戰爭嗎？他的內心充滿了疑惑和深沉的悲傷。那些放在他辦公桌上的戰爭報告書，每一次打開來，看到那些死傷人數，他都不忍心讀下去。即使白天非常疲倦了，晚上在床上往往還是輾轉不能入睡。如今到了戰爭的尾聲，戰爭快要過去了，這種傷感仍然壓在他的心頭揮之不去。

他哀悼雙方的戰士，對在戰爭中痛失愛子的母親致意。其中最著名的，是寫給麻薩諸塞州波士頓市的畢克斯貝夫人的信。林肯的文句精鍊，字字流露出真摯的情感，他寫說：「妳的損失是沉

重的。我覺得以任何言語來勸妳節哀必然都是軟弱無力，無濟於事的。然而，我依然要向妳指出：妳的兒子為拯救國家而捨生取義，舉國民眾無不對妳感激萬分。這不就是妳的安慰嗎？我祈求天撫慰妳的喪子之痛，在妳心中只留下妳失去的愛子的珍貴記憶，以及那非妳莫屬的莊嚴的光榮感，因為，妳在自由的祭壇上，奉獻了如此大的犧牲。」

1865年4月9日，南軍終於在一路潰敗的情形下，願意協商不再打仗。北軍的格蘭將軍與南軍的李將軍，在維吉尼亞州阿樸麥托克斯鄉下，一棟農舍中，舉行討論關於無條件投降的磋商會議。

儘管打了敗仗，儘管疲憊，李將軍還是挺拔威嚴。身材矮小的格蘭將軍不修邊幅，很誠懇的招呼李將軍。兩人都畢業於西點

軍校，並且在美國和墨西哥戰役中服過役。在這美國有史以來的唯一內戰中，兩人各有戰功，不論勝負，他們都在歷史上留下顯赫的聲名。兩人略經商議之後，分別在格蘭將軍草擬的受降書上簽了字。格蘭將軍立即打電報到華盛頓，告訴總統戰爭真正的結束了！

　　這個消息，是林肯就任總統以來，最令他高興的消息。他和泰德到照相館照相，這是就任總統四年以來，他那張總是困倦的臉孔上，第一次露出開朗的笑容。他那喜悅的心情，經過一百多年之後，似乎仍從照片中流露出來，這笑容可掬的父親與嬌小活潑的孩子，見證了國家的喜慶。

　　街上到處都是欣喜若狂的民眾，政府命令五百枝槍對空鳴放，震破了首都中一些房子的玻

璃，為了讚誦和平的到來，沒有人在意。首都華盛頓的空氣中充滿著澎湃的情緒，大家什麼事也不想做，只是自動聚集在白宮前，民眾越圍越多，紛紛吹著樂器，渴望與總統見面，聽總統說話。

林肯本來想和平常一樣在辦公室處理公務。可是，窗外的群眾呼聲越來越高，他不能不回應。於是他走到窗前，等民眾的激動狂喊和歡笑漸漸平靜下來，然後他要求白宮樂隊演奏南方名曲「狄克西」，他說，多年以來，他一直認為這是他聽過最美的一首曲子。過去曾是南方的邦歌，現在聯邦政府收復了南方，這首曲子是大家的戰利品。他又請樂隊多奏一次。就在眾人沉醉在美好的樂聲中，林肯悄悄回到辦公室，他還有太多的事要做。他需要策劃國家重建政策。在他

的監督下，憲法第十三條修正案＊獲得通過，國家合法終止奴隸制度。林肯依據「不懷任何惡意」的原則，決心重建聯邦，由總統主導動用赦免權，好讓南方重返聯邦的計畫。

這一場長達四年的戰爭，南北雙方共有三百萬人參戰，其中因為陣亡、因病或傷而死亡的有六十二萬人，包括北軍三十六萬人，南軍二十六萬人，所耗費的軍費達數十億美元，國家耗損慘重。林肯面臨的是，人民需要休養生息，國家需要重建，展開恢復元氣的巨大工程。這付擔子不比戰爭來得輕。千頭萬緒中，林肯知道自己首先要做的是：寬恕

放大鏡 ＊憲法第十三條修正案 (Thirteenth Amendment)1865 年，美國通過憲法第十三條修正案，規定美國境內或美國管轄的任何區域內，除用以懲罰業經合法判罪的犯人外，不准有奴隸制度或強迫勞役制度存在。

和撫慰受難的心靈。他欣喜整個國家現在不但成為州與州的聯合，而且是心與心、手與手的聯合，因此覺得更加應該寬大對待失敗者。他一再說:「我愛南方人甚於他們愛我，我不想損傷南方人任何一根頭髮。」他更深知，羞辱和懲罰，對雙方一點好處也沒有。

但在慶祝勝利的那一星期，林肯在家時，態度憂傷沉默得出奇。瑪麗覺得奇怪，在她不斷追問之下，林肯才很小心的談到他做的夢境。他說每逢打勝仗時，便會夢到他乘船到模糊的遠方去。這次是在正式宣布戰爭結束的十來天前，他一直在等前線的戰報，後來既倦又累，很快就睡著了。不久就開始做夢，四周彷彿籠罩在一片死亡的沉寂中。後來，他聽到很多人在低聲哭泣。他起床走下樓去，樓下也充滿悲

慟的低泣聲。他從這個房間走到另一個房間，始終見不到一個人，可是悲泣的哭聲一直跟著他。他看到每一間房間都很光亮，一切東西也都是他常見的。但是那些悲哀心碎的人在哪裡？

他十分惶恐納悶，決心弄清楚這神祕又令人毛骨悚然的情形。於是，他繼續往前走，一直走到東室，裡面陳設了一座靈堂，令他大吃一驚。因為靈堂中有一具穿著殮衣的屍體，四周有兵士護衛守靈。滿屋子都是人，有些人滿臉哀淒凝視著臉部被遮蓋住的屍體，還有很多人哭得十分傷心。他很納悶，便問是誰死了？一個守靈的士兵回答說，是總統被人暗殺死了。後來他被全屋的人放聲大哭給驚醒了。那夜他再也睡不著，心裡一直很不舒服。

瑪麗聽了也很不舒服，要他

忘了這個怪夢。那天在座的朋友勸林肯千萬要小心，最好都留在白宮，遠離公共場所，不要到其他地方去。白宮的侍衛隊也安排了四人的警衛隊隨時跟在總統的身旁。林肯對自己的夢境感到不舒服，卻還是不怎麼在意自己的安全。他老是說：「誰幹什麼要暗殺我？」但林肯不知道，在戰爭結束的幾個星期前，有一個名叫約翰‧威爾克斯‧布斯的年輕演員，曾在白宮附近徘徊，遙指總統辦公室，對他的同伴說，他真想把總統殺掉。林肯更不知道，在他第二任期就職典禮時，布斯置身人群之中，已經瞄準林肯，並扣下手槍的扳機，但手槍沒有發出子彈，因為布斯緊張得忘了拉下手槍的安全鎖。林肯的周圍，其實已經危機重重了。

　　布斯是一個二十五歲的年輕演員，他的父親與哥哥都是有名

的戲劇演員，尤其他的哥哥更是全美聞名的莎士比亞戲劇的演員，他卻默默無名。布斯一直認為他活在父兄盛名的陰影下，但卻從不檢討自己對演戲不夠努力，總是吊兒郎當的，不務正業，當然成功不了。他一直想做一件驚天動地的大事，那麼他的名聲就可以超越父兄了。由於在政治立場上，布斯支持南方，他認為殺掉北方的領導人是他的責任，於是把林肯當成大目標。原先，他計畫挾持林肯，然後將林肯當作人質，以要脅北方釋放南軍的俘虜，換回總統的性命。但計畫一拖再拖，眼看戰爭已經結束了，布斯決定對林肯展開行動。

天性不容易懷疑別人的林肯，把自己被暗殺之夢放在一邊，全心投入戰後的重建計劃。南方因為莊稼被搜括得精光，家

園被搶劫一空，百姓窮困不堪。而奴隸突然被解放，也必須適應新的生活。政府需要大筆的經費，來資助窮困的民眾，幫助他們重新建立生活秩序。在戰爭結束之前，國會已經通過成立輔導黑人單位的法案，這一個法定的機構，可以幫助被解放的黑奴處理生活和工作上的問題。

林肯深知，黑人雖然獲得了自由，但大部分黑人還是留在原來的農田裡討生活，他們需要接受教育，學習技能，以適應新的環境。至於那些原來擁有黑奴的人，他們現在要和黑人平起平坐，並且要和黑人一起競爭，他們難免心理不平衡，也需要克服原先自以為比黑人高一等的優越感。這些都需要時間來克服，林肯認為這些觀念的改變，是急不來的。所以，他要求官員們在進行輔導時，要採取溫和、緩慢的

方式。

　　1865 年 4 月 14 日這天，林肯全家在一起吃早餐，大兒子羅伯從前線回到家，他們一家團聚了。全家人輕鬆聊天，羅伯和父母親談起在軍隊中的情形，他拿了一張李將軍的肖像畫給父親看，林肯戴上眼鏡仔細看著這張畫像，讚美「這是一張正人君子的臉」，他很高興戰爭終於結束了，不會再有人流血犧牲。談到晚上的活動，瑪麗說想去福德戲院看「美國表親」這齣戲。不過，她還有葛羅弗戲院的戲票，最後決定，林肯夫婦去福德戲院看戲，泰德到葛羅弗戲院看表演，羅伯則什麼都不想看，只想休息。

　　林肯像平常一樣，到辦公室去。那天，是基督教年曆裡最神聖的日子：耶穌受難日。林肯接見訪客時形容，戰爭過去了，不

會再有人受難，國家統一了，全國開始有好日子過了。但他心裡有一種奇異的感覺，當他和部下走路到國防部去時，他對部下說，他相信有人要他的性命，而且肯定他們會下手。很湊巧，就在林肯對部下談起他的隱憂時，紐約州一家報紙刊登了一則沒有經過證實的消息，說總統被人刺死。這謠言被傳到幾個州，當地民眾集中在電報局前，爭相追問這個謠言是真是假。

就在遠方民眾憂心忡忡總統的生死時，林肯在近黃昏時，正心情愉快的和瑪麗坐馬車到外面兜風散心。街上的人聽到瑪麗的笑聲，及林肯輕鬆的話語，夫婦兩人似乎從來沒有這麼好心情過，連馬車伕都笑了起來。林肯對妻子說，戰爭真的結束了，戰爭和兒子威廉的死，使得他們夫婦一直在難過的漩渦之中，現在

總算可以稍微擺脫一下了。等他的第二屆總統任期期滿之後，夫婦兩人可以到歐洲旅遊，再回到伊利諾州春田市買一個小農場，他可以重新做個農夫，也可以回去律師事務所做律師，車伕聽到他說了幾次：「我一生從沒有像此刻覺得這麼開心過。」

　約翰・威爾克斯・布斯一直注意林肯的行蹤，他知道總統夫婦愛看戲，現在打完仗了，他們從白宮出來看戲的機會一定很多。4月14日，當他打聽到林肯和瑪麗晚上要到福德戲院來，他趁沒有人注意，溜到福德戲院為林肯夫婦預留的包廂，在門上方的右下角打了一個洞，又用小刀把它挖大些，他把木屑弄乾淨，從眼洞裡，他可以看到已為林肯預備好的搖椅，覺得一切妥當了，他才溜走。

　當林肯夫婦在福德戲院的總

統包廂出現時，觀眾起立以熱烈掌聲歡迎總統，林肯微笑著接受觀眾熱情的歡呼，並開始欣賞這齣喜劇。當第一幕終了時，林肯的貼身侍衛去準備飲料，這個警衛做事總是拖拖拉拉，一直沒有回來。這時，總統包廂外面就沒有警衛了。等第三幕開始時，林肯正看得入神，聆聽一段有趣的對話，和觀眾一起大笑。布斯趁笑聲中溜進總統包廂，瞄準總統的頭部直射，林肯晃了一下，沒有出一點聲音。瑪麗和其他的人聽到槍聲回頭看，只見一個臉色蒼白、表情激動的年輕人，手握著槍，煙霧繚繞，林肯倒在地上。

霎時，戲院大亂，布斯事先買通戲院員工幫他準備馬車，趁機脫逃。後來在被捕時，與搜捕人員發生衝突而被擊斃。現場醫生抬起林肯的頭，看見一個小洞

在淌血，醫生清楚子彈在林肯的腦部，他們知道林肯已不久人世，堅持將林肯送離戲院，但如果送回白宮，又擔心林肯沒法子支撐下去，於是決定將林肯移到戲院對面的一家民房去。

醫生們知道已經無法救治林肯了，只能儘量保持他的體溫。第二天清晨，林肯不停呻吟，致命的子彈留在眼珠後頭，使他那隻眼睛全盲了。家屬在一旁哀痛哭泣，伴著痛苦的呻吟聲逐漸轉弱，終至無聲無息。1865 年 4 月 15 日清晨七點二十分，第一位被刺殺的美國總統、五十六歲的林肯與世長辭了。那一刻，天下起雨來，窗外，站著許多黑奴，他們感激這位幫助他們爭取到自由的人，淚水和雨水混在一起，匯成一股無限悲傷的洪流。

四年前，林肯在警衛的護送下，靜悄悄的來到首都華盛頓。

四年後，他結束戰爭，完成解放黑奴，人生而平等的畢生大業。他來到白宮時，是一個分裂國家的總統；離開時，是一個完整的國家——美利堅合眾國的總統。林肯為了真理，被人謾罵、侮辱，承擔無比沉重的壓力，最後還犧牲了生命。但是，美國人終究逐漸認識了這位賢明的領袖。

　　無數人們在哀悼中回憶這位凡事肯細究、肯苦思、酷愛真理、豁達慷慨、有極大容忍雅量的長人總統。若說他有時好像猶豫、舉棋不定，但事後總是證明，他的確懂得怎樣為了國家的好處而走緩一步，懂得雖有力量還應該要妥善運用。在思想和行動上，林肯極其曠達。整個南北戰爭苦難期間，林肯從來沒有對南方人民說過一句惡言。他比任何人都急於謀求全國的統一，但強調要出於自願，而非出於強

迫。甚至在北軍勝利在望的時候，林肯還提議以巨款付給南方作為釋放奴隸的代價。這樣一位民眾心中偉大的英雄，還來不及推動國家的重建，完成人民的信託，就遽然離去！

他的遺體，被放置在白宮的東廂房——就是在他夢境裡出現的那間房間——供大眾瞻仰。接著被移到國會大廈的圓形大廳內。成千上萬的民眾，穿著喪服，臉色悲淒，泣不成聲，全國降半旗以表示對這位去世領袖的敬意。在首都華盛頓舉行的葬禮，莊嚴肅穆。國家軍隊前行開道，一匹無人騎的馬跟在後面行走，一雙馬靴倒放在馬鐙上，象徵英雄已逝。伴隨林肯最後路途的，是全國悲傷和憤慨的情緒，以及同胞深沉的哀慟。

隨後，林肯的遺體被移放到一列火車專車上，火車將開往林

肯下葬之處，也就是他生前視為故鄉，有許多美好回憶的伊利諾州首府春田市。火車在許多城鎮停留，民眾在沉鬱的氣氛裡瞻仰憑弔。1865年5月4日，也就是林肯遇刺後的第二十天，他被葬在伊利諾州春田市的橡丘公墓，長眠在故鄉的懷抱。這座屹立在綠草如茵的莊嚴墓園，充滿著平靜詳和的氣息，溫暖的擁抱這位榮歸故里的偉人。他的一生名垂青史，更永遠活在無數愛好自由平等的人們心裡。

林肯

小檔案

1809 年	2 月 12 日出生。
1816 年	全家遷居印第安那州。
1818 年	母親南西·漢克思去世。
1819 年	父親再婚，迎娶繼母莎拉·強斯頓。
1830 年	全家遷居伊利諾州。
1832 年	參加黑鷹戰爭。
1833 年	擔任測量技師，以及伊利諾州小村鎮新沙倫郵政局局長。
1834 年	當選為伊利諾州州議會議員。
1837 年	遷居伊利諾州春田市，出任律師。
1842 年	與瑪麗·陶德結婚。
1847 年	當選美國國會議員。
1849 年	國會議員任期屆滿，回到春田市擔任律師。
1858 年	被「共和黨」推舉為伊利諾州參議員候選人，與「民主黨」候選人道格拉斯進行辯論。為道格拉斯擊敗。

1860 年	5 月，被「共和黨」提名為總統候選人。11 月，當選美國第十六任總統。
1861 年	3 月，就任總統。4 月，南北戰爭爆發。
1862 年	9 月，預告「解放奴隸宣言」。
1863 年	1 月，宣布實施「解放奴隸宣言」。11 月，發表「蓋茨堡演說」。
1864 年	11 月，當選連任總統。
1865 年	3 月，就職總統第二任期。4 月 9 日，南方投降，南北戰爭結束。4 月 14 日，林肯在首都華盛頓「福德戲院」被刺殺，4 月 15 日去世。

獻給孩子們的禮物

「世紀人物100」

訴說一百位中外人物的故事

是三民書局獻給孩子們最好的禮物！

◆ 不刻意美化、神化傳主，使「世紀人物」
  更易於親近。

◆ 嚴謹考證史實，傳遞最正確的資訊。

◆ 文字親切活潑，貼近孩子們的語言。

◆ 突破傳統的創作角度切入，讓孩子們認識
  不一樣的「世紀人物」。

兒童文學叢書

第 1 次系列

生命不能重來，童年無法NG

提供孩子生活所需的智慧維他命，
與孩子共享生命中的成長初體驗！

國家圖書館出版品預行編目資料

解放黑奴的美國總統：林肯 ╱ 邱秀文著;倪靖,韓曉松
繪.－－初版二刷.－－臺北市：三民，2010
面；　公分.－－(兒童文學叢書 ╱ 世紀人物100)

ISBN 978–957–14–4964–7　(平裝)

1. 林肯(Lincoln, Abraham, 1809–1865) 2.傳記 3.通
俗作品

785.28　　　　　　　　　　　　　　　　96025130

© 　解放黑奴的美國總統：林肯

著 作 人	邱秀文
主　　編	簡宛
繪　　者	倪靖　韓曉松
責任編輯	李玉霜
美術設計	李唯綸
發 行 人	劉振強
著作財產權人	三民書局股份有限公司
發 行 所	三民書局股份有限公司
	地址　臺北市復興北路386號
	電話　(02)25006600
	郵撥帳號　0009998–5
門 市 部	(復北店)臺北市復興北路386號
	(重南店)臺北市重慶南路一段61號
出版日期	初版一刷　2008年1月
	初版二刷　2010年7月
編　　號	S 782080

行政院新聞局登記證局版臺業字第○二○○號

有著作權‧不准侵害

ISBN　978–957–14–4964–7　　(平裝)

http://www.sanmin.com.tw　三民網路書店
※本書如有缺頁、破損或裝訂錯誤，請寄回本公司更換。